Facing History and Ourselves usa lecciones de historia para desafiar a maestros y estudiantes a que enfrenten la intolerancia y el odio. Si desea conocer más información acerca de Facing History and Ourselves, visite nuestro sitio web en la dirección www.facinghistory.org.

Copyright © 2020 de Facing History and Ourselves, Inc. Todos los derechos reservados.
Facing History and Ourselves® es una marca comercial registrada en la Oficina de Patentes y Marcas de los Estados Unidos.

Última actualización noviembre de 2023.

ISBN-13: 978-1-940457-41-3

AGRADECIMIENTOS

Queremos agradecerles a las siguientes personas y organizaciones por hacer posible la creación de este currículo y desarrollo profesional para las escuelas públicas de Chicago*:

Anonymous (2)

Aon Foundation

The Baskin Family Foundation

Christopher Family Foundation

The Crown Family

Karen Harrison and Walter Freedman

Jackson

Robert R. McCormick Foundation

Linda and Judd Miner

Oppenheimer Family Foundation

PPM America

Pritzker Pucker Family Foundation

The Segal Family Foundation

The Charles & M.R. Shapiro Foundation

Jill Garling and Tom Wilson

Zell Family Foundation

*Reconociendo los compromisos adquiridos desde agosto de 2021.

CONTENIDO

Sobre esta Unidad — 3

PARTE 1: PRESENTACIÓN DE LA UNIDAD
Carta a los estudiantes / DÍA 1 — 6
Lista de verificación de la experiencia en el aula de clase / DÍA 1 — 7
Ejemplos de las expectativas en el aula de clase de Facing History / DÍA 1 — 8
Idea de partida para la escritura / DÍA 2 — 9

PARTE 2: IDENTIDAD Y PERTENENCIA
Las palabras importan / DÍA 3 — 10
En busca de la confianza / DÍA 3 — 12
En busca de una voz propia / DÍA 3 — 14
Género e identidad / DÍA 3 — 16
El peligro de la historia única / DÍA 4 — 18
Guía de visualización/de lectura de "El peligro de una historia única" / DÍA 4 — 21
Universo de obligaciones / DÍA 5 — 22
Descripción general del antijudaísmo y el antisemitismo / DÍA 6 — 24
"Nosotros no controlamos a los Estados Unidos" y otros mitos — Parte 1 / DÍA 6 — 27
"Nosotros no controlamos a los Estados Unidos" y otros mitos — Parte 2 / DÍA 6 — 28
"Nosotros no controlamos a los Estados Unidos" y otros mitos — Parte 3 / DÍA 6 — 29

PARTE 3: LA REPÚBLICA DE WEIMAR: LA FRAGILIDAD DE LA DEMOCRACIA
Introducción a la República de Weimar / DÍA 7 — 30
Imágenes de la República de Weimar / DÍA 7 — 32
La educación en la República de Weimar / DÍA 8 — 38
Voces en la oscuridad / DÍA 8 — 40
Hiperinflación y la Gran Depresión / DÍA 8 — 42
Mujeres en la República de Weimar / DÍA 8 — 46
La negociación de la paz / DÍA 8 — 49
El caldero en ebullición / DÍA 8 — 50

PARTE 4: LA REVOLUCIÓN NACIONALSOCIALISTA

Guía de visualización de *"El ascenso de Hitler al poder, 1918–1933"* / DÍA 9	53
El programa del Partido Nacionalsocialista Obrero Alemán / DÍA 9	55
Hitler en el poder / DÍA 9	56
Guía de visualización de *"El ascenso de Hitler al poder, 1933-1934"* / DÍA 10	57
Análisis de la lectura "De la democracia a la dictadura" / DÍA 10	58
Moldeando la opinión pública / DÍA 10	60
Enfocándose en los judíos / DÍA 10	62
"Restitución" del servicio civil alemán / DÍA 10	64
Donde queman libros / DÍA 10	66
Aislando a los homosexuales / DÍA 10	67

PARTE 5: CONFORMIDAD Y CONSENTIMIENTO EN LA COMUNIDAD NACIONAL

Jurando lealtad / DÍA 11	68
¿Presta usted juramento? / DÍA 11	69
Rehusándose a jurar lealtad / DÍA 11	71
Primer reglamento de la Ley de Ciudadanía del Reich / DÍA 12	74
Ley para la Protección de la Sangre y el Honor Alemanes — Parte 1 / DÍA 12	74
Ley para la Protección de la Sangre y el Honor Alemanes — Parte 2 / DÍA 12	75
Descubriendo la sangre judía / DÍA 12	76
Propaganda de las Juventudes Hitlerianas / DÍA 13	78
Kit de lectura 1 de "La juventud en la Alemania nazi" / DAY 13	79
Kit de lectura 2 de "La juventud en la Alemania nazi" / DAY 13	83

PARTE 6: AGRESIÓN ABIERTA Y LA RESPUESTA DEL MUNDO

La Noche de los Cristales Rotos: Guía de visualización de *"Los pogromos de noviembre de 1938"* / DÍA 14	88
Guía de visualización del testimonio de La Noche de los Cristales Rotos / DÍA 14	89
Toma de decisiones en tiempos de miedo y crisis / DÍA 15	90
La noche del pogromo / DÍA 15	93
El oportunismo durante La Noche de los Cristales Rotos / DÍA 15	95
Reacción de una familia a La Noche de los Cristales Rotos / DÍA 15	97
Un comportamiento completamente reprochable / DÍA 15	99
La perspectiva de un visitante sobre La Noche de los Cristales Rotos / DÍA 15	101
Las respuestas del mundo ante La Noche de los Cristales Rotos / DÍA 15	102
La variedad de términos sobre el comportamiento humano / DÍA 15	104

PARTE 7: EL HOLOCAUSTO

El crecimiento de la Alemania nazi / DÍA 16	105
La invasión de Polonia / DÍA 16	106
Misioneros culturales / DÍA 16	107
Notas sobre el crecimiento de la Alemania nazi, 1933-1939 / DÍA 16	108
Da este enorme salto conmigo / DÍA 17	109
Fases del Holocausto / DÍA 17	110
Guetos judíos en Europa Oriental / DÍA 17	111
Principales campos de concentración y sitios de ejecución / DÍA 17	112
El niño del gueto de Varsovia / DÍA 17	113
Escuadrones de ejecución itinerantes / DÍA17	114
Auschwitz / DÍA 17	115
Puede que no tengamos otra oportunidad / DÍA 17	116
Diario del gueto de Łódź / DÍA 17	117
Un sentimiento básico de dignidad humana / DÍA 18	118
Creación de un poema encontrado / DÍA 18	120
Perspectiva de un comandante / DÍA 19	121
Espectadores del castillo de Hartheim / DÍA 19	123
Protestas en Alemania / DÍA 19	125
La decisión de actuar / DÍA 19	126
Le Chambon: una aldea que opone resistencia / DÍA 19	128
Dinamarca: una nación toma medidas / DÍA 19	130
Perpetradores, espectadores, defensores y rescatadores / DÍA 19	132
Decisiones y consecuencias / DÍA 20	134

PARTE 8: LEGADOS Y PARTICIPACIÓN

Guía de anticipación sobre la justicia después del Holocausto / DÍA 21	136
Una descripción general de los juicios de Núremberg / DÍA 21	138
Introducción a las instituciones de derechos humanos después de la Segunda Guerra Mundial / DÍA 22	142
Refugiados rohinyá llegan en embarcaciones, 2017 / DÍA 23	144
Tabla de pruebas / DÍA 24	145
Ejemplo de hoja de trabajo de contraargumentos / DÍA 26	146
Esquematización de su ensayo: organizador gráfico del párrafo del cuerpo / DÍA 26	147
Infografía de la DUDH	149

COMPARTIENDO NUESTRO APRENDIZAJE: CONEXIONES MEDIANTE ESCRITURA

Conexión mediante escritura 1 / DÍA 5	152
Conexión mediante escritura 2 / DÍA 8	153
Conexión mediante escritura 3 / DÍA 10	154
Conexión mediante escritura 4 / DÍA 13	155
Conexión mediante escritura 5 / DÍA 15	156
Conexión mediante escritura 6 / DÍA 20	157
Conexión mediante escritura final y adopción de medidas informadas	158

¿QUÉ ES FACING HISTORY & OURSELVES?

Facing History & Ourselves es una organización internacional de educación y desarrollo profesional cuya misión es usar las lecciones de la historia para desafiar a maestros y estudiantes a que enfrenten la intolerancia y el odio. Si desea conocer más información acerca de Facing History & Ourselves, visite nuestro sitio web en la dirección www.facinghistory.org.

¿QUÉ SON EL ALCANCE Y LA SECUENCIA DE FACING HISTORY?

Si bien cada clase de Facing History es única, todas están organizadas para seguir nuestro alcance y secuencia, que a menudo denominamos como la travesía de Facing History. La travesía comienza con el análisis de los comportamientos humanos, creencias y actitudes comunes que usted puede observar con facilidad en su propia vida. Después, exploramos un caso histórico y analizamos cómo esos patrones de comportamiento humano pueden haber influido en las decisiones que las personas tomaron en el pasado ante la injusticia (como participar, mantenerse al margen o resistirse). Por último, examinamos cómo la historia que se ha estudiado sigue influyendo en nuestro mundo actual, y consideramos cómo usted podría participar en la creación de un mundo más humano, justo y compasivo.

¿QUÉ APRENDERÁ EN ESTA UNIDAD?

Parte 1: Presentación de la unidad. Antes de explorar el caso de estudio histórico de esta unidad (el colapso de la democracia en Alemania y los pasos que condujeron al Holocausto), dedicará un tiempo a definir y fomentar las reglas del aula de clase y las expectativas de respeto y mentalidad abierta.

Parte 2: Identidad y pertenencia. ¿Quién soy? ¿Quién es usted? ¿Quiénes somos? ¿Quiénes son "ellos"? La forma en la que respondemos a estas preguntas determina cómo pensamos y cómo nos comportamos con nosotros mismos y con los demás. Además, nuestras respuestas a esas preguntas están influenciadas por la sociedad en la que vivimos. Esta sección explora la relación entre el individuo y la sociedad, y cómo esa relación afecta a quien elegimos incluir en nuestro universo de obligaciones.

Parte 3: La República de Weimar. La República de Weimar, el gobierno alemán después de la Primera Guerra Mundial que lleva el nombre de la ciudad alemana donde se formó, duró más de 14 años, pero en ella, la democracia nunca encontró una base firme. Esta sección explora la Alemania de los años que precedieron a la ascensión de los nazis al poder, resalta los esfuerzos para convertir una república incipiente en una democracia fuerte, y examina los malentendidos, mitos y temores que a menudo debilitan esos esfuerzos.

Parte 4: La revolución nacionalsocialista. El 30 de enero de 1933, el presidente Paul von Hindenburg nombró a Adolf Hitler como canciller de Alemania. En los primeros días del nombramiento de Hitler, los nazis comenzaron a atacar a su oposición política y a aquellos que consideraban enemigos del Estado, especialmente comunistas y judíos. En cuestión de meses, transformaron a Alemania en una dictadura. Esta sección narra la revolución nacionalsocialista que se extendió por Alemania en 1933 y examina las opciones que los alemanes se vieron obligados a enfrentar como resultado.

Parte 5: Conformidad y consentimiento en la Comunidad Nacional. En 1934, Hitler consideraba que se había completado la revolución nacionalsocialista en Alemania. Con el control de la nación, los nazis centraron su atención en crear una "Comunidad Nacional" racialmente pura en la que el nazismo no era revolucionario sino normal. Esta sección se enfoca en los métodos que utilizaron los nazis para conseguir que las personas se ajustaran, si no consentían, a su visión de sociedad alemana. También se centra en las consecuencias a las que se enfrentaron aquellos que no encajaban en la "Comunidad Nacional" que los nazis imaginaron.

Parte 6: Agresión abierta y las respuestas del mundo. Entre 1935 y 1939, la Alemania nazi comenzó a tomar medidas agresivas para reconstruir el ejército alemán y expandir el Tercer Reich por toda Europa. Al mismo tiempo, la hostilidad nazi hacia los judíos dentro del Reich se intensificó, culminando en los pogromos de 1938 conocidos como La Noche de los Cristales Rotos. Esta sección explora la agresión abierta de la Alemania nazi a finales de la década de los treinta tanto hacia los países vecinos como hacia las personas dentro de sus fronteras, así como los dilemas a los que se enfrentaron los líderes de todo el mundo en respuesta.

Parte 7: El Holocausto. A medida que el Tercer Reich alcanzaba el apogeo de su poder en Europa, los nazis comenzaron a asesinar a un inmenso número de judíos y otras personas que pertenecían a razas consideradas inferiores. Esta sección examina los acontecimientos y el comportamiento humano que nos inquietan y eluden nuestros intentos de explicarlos. Los recursos nos obligan a confrontar la impactante violencia del Holocausto y a reflexionar sobre la variedad de comportamientos humanos que se revela en las decisiones de perpetradores, espectadores, miembros de la resistencia y rescatadores.

Parte 8: Legados y participación. El Holocausto y la Segunda Guerra Mundial dejaron profundos legados (como las consecuencias inmediatas de la guerra y las décadas que siguieron) en la vida de las personas y la trayectoria de las naciones, así como en las nuevas ideas, leyes, políticas e instituciones que se desarrollaron en respuesta a la muerte y la destrucción.

¿CÓMO DEBE PREPARARSE PARA LA UNIDAD?

Contrato

A lo largo de esta unidad, participará en debates que pueden suscitar emociones fuertes y examinará fuentes que describen el racismo y la violencia. Cuando cree un contrato de clase al principio de la unidad, su maestro le preguntará qué necesitará para mantener estos debates. Piense en lo que le ayuda a aprender y a cuidar de sí mismo. ¿Qué podría añadir al contrato acerca de lo que necesita de parte de su maestro y compañeros? Por ejemplo, es posible que usted desee incluir la posibilidad de hacer sus reflexiones en un diario de forma privada, en lugar de hacerlas con un compañero.

Consulte con los suyos

También le invitamos a que compruebe regularmente su aprendizaje con las personas de confianza en su vida. Puede utilizar las siguientes preguntas como punto de partida para estas conversaciones:

- ¿Cómo se siente sobre lo que aprendió hoy?
- ¿Hubo algún debate, lectura de una fuente primaria o momento de la clase que le haya llamado la atención? ¿Por qué cree que llamó su atención?
- ¿Algo de lo que aprendió hoy que lo ha sorprendido? ¿O inquietado? ¿Por qué?
- ¿Qué preguntas tiene acerca de lo que está aprendiendo y que le gustaría explorar más?

Nota sobre contenidos emocionalmente desafiantes y lenguaje deshumanizador

Esta unidad utiliza descripciones históricas y relatos de primera mano que describen acontecimientos violentos o perturbadores, así como un lenguaje racista y deshumanizador. Antes de leer una fuente con lenguaje racista o deshumanizador, su maestro le recordará el impacto que puede tener este lenguaje y que este contenido no se leerá en voz alta. Recuerde que puede hablar con su maestro, o con otras personas de su vida en las que confíe, sobre lo que piensa y siente mientras procesa estas fuentes. También puede hablar con su maestro acerca del contrato de clase y las posibilidades de escribir en el diario, y recuerde consultar con los suyos sobre lo que piensa y lo que siente.

¿CÓMO COMPARTIRÁ LO APRENDIDO?

Evaluación: al final de la unidad, realizará una tarea de desempeño sumativa que consta de dos partes: una idea de partida para la escritura y una medida informada. Para la idea de partida para la escritura, usted escribirá un ensayo con un argumento que aborde la pregunta esencial utilizando afirmaciones específicas y pruebas pertinentes de fuentes históricas y contemporáneas, a la vez que reconoce los puntos de vista opuestos.

En la tarea de desempeño, usted aplicará en su propia comunidad las lecciones aprendidas de su estudio del Holocausto. La medida informada está compuesta por tres partes:

1. **COMPRENDER:** en grupos de tres a cinco estudiantes, investiguen los derechos y deberes universales en la Declaración Universal de los Derechos Humanos (DUDH) que surgieron, en parte, como un esfuerzo para evitar otra calamidad mundial de la escala del Holocausto.

2. **EVALUAR:** en los mismos grupos, consideren cómo la DUDH se aplica a su comunidad (por ejemplo, su escuela, su vecindario o alguna otra comunidad a la que pertenezcan). Seleccionen un derecho de la DUDH que consideren particularmente significativo y/o que su comunidad no haya alcanzado completamente. Luego:

   - Identifiquen a una persona o grupo que tenga poder para tratar los derechos humanos que identifiquen (por ejemplo, sus compañeros, los medios, funcionarios elegidos, organizaciones sin fines de lucro)
   - Determinen qué mensaje consideran es el que más necesitan oír relacionado con la DUDH/el tema identificado
   - Decidan por cuál medio comunicarán efectivamente su mensaje a la audiencia objetivo

3. **ACTUAR:** divulguen el derecho seleccionado por su grupo a través del medio que deseen (exposición corta, mural, documental en video, podcast, revistilla, poema recitado o publicación en un blog). Cerciórense de ilustrar o explicar por qué ese derecho tiene una repercusión especial en su comunidad. Adicionalmente, el medio y el mensaje deben adaptarse para atraer a una persona o grupo con poder en el tema elegido.

CARTA A LOS ESTUDIANTES

Estimado estudiantes:

Bienvenido. Está a punto de comenzar una unidad creada por nuestra organización, Facing History & Ourselves. La misión de Facing History es usar lecciones de historia para desafiar a maestros y estudiantes (¡Usted!) a que enfrenten la intolerancia y el odio. A la vez que estudia esta historia, explorará preguntas sobre usted y sobre su responsabilidad hacia los demás en el mundo que le rodea. Eso es lo que queremos decir con "Facing History and Ourselves".

Un antiguo estudiante de Facing History indicó: "Cuando tomé el curso de Facing History, en octavo grado, pude entender que la historia era parte de mí y que yo era parte de la historia. Si entendía por qué las personas tomaron sus decisiones, podría entender mejor cómo las tomo yo y, con suerte, tomaría las decisiones correctas".

Esta unidad puede ser diferente de otras que haya conocido. Aquí, se le pedirá que explore preguntas como: *¿Quién soy? ¿Qué da forma a la persona en la que me estoy convirtiendo? ¿Por qué las personas conforman grupos? ¿Qué significa pertenecer? ¿Qué ocurre cuando se excluye a las personas?* Y se le pedirá que considere estas preguntas desde la perspectiva de la historia, examinando las decisiones que las personas tomaron en el pasado y el impacto que estas han tenido en nuestro mundo actual. Aunque las decisiones de una persona no parezcan importantes en el momento, poco a poco, estas definen quiénes somos como individuos, comunidades y, en última instancia, como nación.

En esta unidad se le pedirá que use su cabeza y su corazón para encontrarle sentido a las decisiones que las personas han tomado en el pasado y las decisiones que siguen tomando hoy en día. Se le pedirá que escuche atentamente las voces de los demás y podría intervenir en debates y con contenidos que susciten emociones fuertes. Es importante que procese lo que aprende y que cuide de sí mismo mediante actividades como llevar un diario y participar en debates con sus compañeros de clase, maestros y cuidadores. Al colaborar estrechamente y apoyarnos mutuamente, creamos un aula de clase donde cada uno puede sacar el mayor provecho de su aprendizaje.

Le deseamos una travesía constructiva, en donde aprenda sobre el pasado y el presente, sobre usted mismo y sobre los demás.

Facing History & Ourselves

MATERIAL IMPRESO

LISTA DE VERIFICACIÓN DE LA EXPERIENCIA EN EL AULA DE CLASE

INDICACIONES: marque la casilla que mejor se ajuste a su experiencia como estudiante.

PARTE 1

Como estudiante en un aula de clase, usted alguna vez...

1. ¿Ha compartido una idea o una pregunta en voz alta? ☐ Sí ☐ No

2. ¿Ha compartido una idea o una pregunta que pensó podría ser mal vista o "estúpida"? ☐ Sí ☐ No

3. ¿Ha tenido una idea o respuesta a una pregunta, pero decidió no compartirla? ☐ Sí ☐ No

4. ¿Se ha sentido "menospreciado" después de compartir una idea o hacer una pregunta? ☐ Sí ☐ No

5. ¿Se ha sentido inteligente y valorado después de compartir una idea o hacer una pregunta? ☐ Sí ☐ No

6. ¿Ha pedido ayuda para comprender algo? ☐ Sí ☐ No

7. ¿Se ha sentido confundido, pero no ha pedido ayuda? ☐ Sí ☐ No

8. ¿Ha interrumpido a otros mientras hablaban? ☐ Sí ☐ No

9. ¿Ha sido interrumpido por otros mientras hablaba? ☐ Sí ☐ No

10. ¿Ha dicho algo que consideró pudo haber herido los sentimientos de alguien? ☐ Sí ☐ No

11. ¿Ha considerado su clase como una comunidad? ☐ Sí ☐ No

PARTE 2

Desde su punto de vista, ¿qué debe suceder en el aula de clase para lograr un mejor aprendizaje?

¿Qué pueden hacer los estudiantes para apoyar su aprendizaje y el aprendizaje mutuo?

MATERIAL IMPRESO
EJEMPLOS DE LAS EXPECTATIVAS EN EL AULA DE CLASE DE FACING HISTORY

- Escuche respetuosamente. Trate de entender lo que alguien dice sin apresurarse a emitir juicios.

- Haga sus comentarios en primera persona.

- Esta clase tiene que ser un lugar donde se puedan tomar riesgos en las preguntas que realizamos, las perspectivas que compartimos y las conexiones que establecemos. Si no se siente seguro haciendo un comentario o una pregunta, escriba su opinión en su diario. Usted puede compartir la idea primero con su maestro y, en conjunto, encontrar una forma segura de compartirla con la clase.

- Si alguien le hace un comentario hiriente u ofensivo, no ataque a esa persona. Reconozca que el comentario, mas no la persona, hirió sus sentimientos y explique la razón.

- Comparta el tiempo de participación, permita que los demás se expresen.

- Todos jugamos un papel en la creación de espacios para que las personas compartan sus ideas, sus preguntas y sus desconciertos con honestidad.

MATERIAL IMPRESO
IDEA DE PARTIDA PARA LA ESCRITURA

INDICACIONES:
- Encierre en un círculo las palabras que no conozca o no entienda en el contexto de la idea de partida.
- Marque con un asterisco las palabras que parecen ser las ideas centrales de la idea de partida.
- Subraye todos los verbos que representen lo que se supone que usted, como escritor, debe hacer.
- Tache cualquier información adicional que no parezca específicamente relevante para el ejercicio de escritura.

¿De qué manera las decisiones de las personas, los grupos y las naciones condujeron al Holocausto?

En un ensayo, construya un argumento que aborde esta pregunta utilizando afirmaciones específicas y pruebas pertinentes de fuentes históricas y contemporáneas a la vez que reconoce los puntos de vista opuestos.

LECTURA
LAS PALABRAS IMPORTAN

¿Qué siente una persona cuando la llaman por un nombre que no eligió para usted? A lo largo del tiempo, las personas han utilizado una amplia lista de nombres para referirse a los pueblos indígenas de las Américas, pero tales palabras casi nunca han sido las que ellos usarían para referirse a sí mismos.

El poder y el significado de las etiquetas no solo proceden de la elección de las palabras, sino también de la forma como se dicen. Niin, una mujer anishinaabe, descendiente de las tribus Cree y Ojibwa, habló en una entrevista sobre la primera vez que alguien la llamó "india" cuando era una niña.

> No estoy segura si estaba en primero o en segundo grado; en realidad, creo que estaba en el kínder porque en esa época mi mamá estaba en casa. Recuerdo que estaba afuera en el recreo. Ya saben, todos corrían alrededor, jugando en medio del campo. De repente me detuve porque me di cuenta que algunos de los niños de mi clase habían formado un círculo a mi alrededor; ellos caminaban en círculo y yo estaba en el centro de ese círculo. Trataba de entender lo que estaba pasando. Ellos estaban diciendo algo, así que empecé a escucharlos. Decían: "India, india, india". Pero yo no entendía nada. A decir verdad, yo no me veía a mí misma, en primer lugar, como una "india". Justo en el momento en que hacían eso, sonó la campana y todos se voltearon hacia la puerta y comenzaron a entrar. Recuerdo que miré al piso, preguntándome: ¿A qué se refieren con india, india, india? Para empezar, ni siquiera sé cómo se formó ese círculo. No me di cuenta; de repente todos me rodearon, así que me detuve y los observé. La campana sonó justo en ese instante. Solo recuerdo que agaché la cabeza, caminé y, mirando el césped, me preguntaba: ¿qué había sido todo eso? Ni siquiera recuerdo en qué momento llegamos a la puerta. Solo que al llegar a casa, le pregunté a mi mamá.
>
> Recuerdo cuando regresé a casa, mi madre estaba de pie junto al mesón. Estaba horneando algo, o eso parecía porque estaba haciendo algo en el mesón de la cocina; caminé hacia ella mientras observaba lo que hacía. Recuerdo que mi barbilla apenas llegaba a la altura del mesón y que yo la observaba. Le dije: "Mamá, ¿qué soy?"; y ella me miró desde arriba y rápidamente me dijo: "¿La gente te ha estado preguntando qué eres?"; yo le dije: "Sí, me han llamado india". Ella respondió: "Diles que eres canadiense". A decir verdad, no podía entender por qué sonaba tan seria y algo enojada. Pensé que estaba bien y me di vuelta, sin embargo, recuerdo esa tarde claramente. Creo que la razón por la que esto quedó tan grabado en mi mente es porque ellos hicieron un círculo para ridiculizarme. Y yo ni siquiera lo sabía. No me sentía ofendida porque ni siquiera sabía lo que hacían. Aunque me llamaban india, yo pensaba: "Sí, ¿y qué?"; así que siempre me desconcertó la razón por la que me llamaban india. Porque no me sentía diferente a ellos, aunque sabía que mi piel era más oscura, mi cabello marrón y mi rostro más resplandeciente. En realidad, no percibía ninguna diferencia ni me sentía diferente a ellos.

Sentía que todos éramos simplemente niños. Creo que, en ese momento, empecé a aprender que existían diferentes tipos de personas. Sabía que había diferentes tipos de personas al mirarlas y percibirlas como personas de aspecto diferente; mas no como personas que son diferentes entre sí.[1]

PREGUNTAS DE CONTEXTO

1. ¿Qué cree que significaba la palabra *india* para los compañeros de clase de Niin? ¿Qué factores podrían haber influido en la interpretación de la palabra por parte de sus compañeros de clase?

2. ¿Por qué cree que la madre le dijo a Niin que ella era canadiense? ¿Qué esperaba que Niin entendiera sobre ella misma?

3. Teniendo en cuenta el resto de la historia, ¿qué esperaba la madre de Niin que aprendieran los compañeros de clase de su hija?

4. ¿Tiene usted algún recuerdo de haber cobrado consciencia sobre las diferencias? Si es así, ¿de qué se trató?

---

[1] Mary Young, *Pimatisiwin: Walking in a Good Way, a Narrative Inquiry into Language as Identity* (Manitoba: The Prolific Group, 2005), 47–48. Reproducido con autorización de Pemmican Publishers.

LECTURA
EN BUSCA DE LA CONFIANZA

En el siguiente fragmento, Cameron Tuttle explica de qué manera su necesidad de aceptación moldeó su experiencia cuando cursaba la secundaria y terminó por comprender que era homosexual.

No me acosaron en la secundaria porque nadie en absoluto sabía que yo era homosexual. Ni siquiera yo lo sabía. Tardé años en descubrirlo.

Yo era una de esas personas súper impecables y extremadamente populares y sobresalientes. Obtenía buenas calificaciones, participaba en el gobierno estudiantil, cantaba en los musicales, jugaba deportes de equipo y me vinculaba a muchos clubes, con el fin de que mis solicitudes de admisión a la universidad fueran llamativas. Sin embargo, aunque era popular y amiga de muchas personas diferentes, me sentía sola, muy sola, como si nadie conociera a la persona que yo era en realidad.

¿Cómo era esto posible? Me esforzaba tanto por ser perfecta.

Por fuera, era una adolescente exitosa, activa y un orgullo para mi familia. Pero, por dentro, estaba emocionalmente bloqueada, letárgica y estancada. Mi mamá había muerto de cáncer de mama dos semanas antes del inicio del noveno grado. Ella era una mamá increíble, amorosa y comprensiva, y me dio suficiente libertad para explorar lo que yo era a fin de poder triunfar o fracasar a mi propio estilo. Su muerte me dejó destrozada, pero estaba decidida a demostrarle al mundo y a mí misma que yo estaba bien.

Terminé esforzándome mucho para ser la mejor porque tenía miedo. Miedo de ser diferente. Miedo de ser imperfecta. Miedo de vivir mis sentimientos. Así que, durante años, no me permití sentir.

Hice muchas cosas en la secundaria, pero no me divertí mucho. Y, aunque nunca fui acosada por los demás, sí me dejaba acosar despiadadamente por mis propios pensamientos y miedos sobre quién era yo, cómo debía comportarme y qué pasaría si no lo hacía.

De hecho, tenía la patética idea de que defraudaría de algún modo a mi comunidad, —personas que a duras penas conocía en el vecindario conservador y prepotente en el que había crecido— si terminaba siendo lesbiana. ¿Qué tan ridículo puede ser eso?

El acoso no es solo lo que la gente te dice o trata de hacerte directamente. El acoso está en todas partes; está en las palabras de los padres temerosos y prejuiciosos que tratan de controlarte. (Por cierto, también en las palabras de los padres bien intencionados, pero que se equivocan al tratar "de evitar que salgas lastimado"). El acoso está en los medios de comunicación y en las políticas gubernamentales. Está en el imaginario de la cultura popular. Está en la religión. Y, por ese motivo, se mete en tu cabeza.

¿Cómo logré superarlo? Lo superé lentamente; fue de gran ayuda el hecho de haber ingresado a una universidad al otro lado del país, tan lejos de mi ciudad como me fuera posible, pero en la que no necesitaba usar un pasaporte.

Con el tiempo encontré la fuerza para enfrentar mi acoso interior, la voz temerosa, prejuiciosa y autoritaria en mi cabeza que me decía constantemente: ¡No puedes... No debes... Ni te atrevas! Y finalmente, recuperé la confianza para escuchar mi cuerpo y mi corazón y ser honesta conmigo misma.

Y entonces me mudé a Nueva York.

Cuando vivía allá, conocí a muchísimas personas que eran como yo, súper impecables y extremadamente populares y sobresalientes que, por casualidad, eran homosexuales: antiguas porristas de secundaria, anfitriones de los bailes de bienvenida, representantes de curso, líderes estudiantiles, atletas reconocidos. Y me di cuenta de que... sí podía hacerlo. Y de que sí podía serlo. Y ahora, me encanta ser diferente, a mi manera, súper impecable, extremadamente popular y sobresaliente.[1]

PREGUNTAS DE CONTEXTO

1. ¿Cómo define usted el "acoso"? ¿Qué aporta la historia de Cameron Tuttle a su manera de pensar?

2. Cree un diagrama de identidad para Tuttle. ¿De qué manera difiere el diagrama de identidad que usted elaboró del que ella hubiera podido elaborar de sí misma? ¿Cuáles podrían ser algunas de las diferencias entre la manera en la que otros la ven y la manera en la que ella se ve a sí misma?

3. ¿Qué significó para Tuttle encontrar su propia voz?

---

[1] Cameron Tuttle, "Too Good to Be True", en *It Gets Better: Coming Out, Overcoming Bullying, and Creating a Life Worth Living*, ed. Dan Savage y Terry Miller (Nueva York: Plume, 2012), 130–32. Reproducido con autorización de Cameron Tuttle.

LECTURA
EN BUSCA DE UNA VOZ PROPIA

¿Hasta qué punto podemos definir nuestra propia identidad y hasta qué punto está determinada por otras influencias como las de nuestras familias, nuestra cultura y las circunstancias de nuestras vidas? El escritor Julius Lester desafió las expectativas de otras personas en su travesía hacia el entendimiento y la definición de su identidad. Aquí, él reflexiona sobre la manera en que la violencia y la humillación afectaron su infancia:

> Crecí entre la década de los cuarenta y los cincuenta en Kansas City, Kansas, y Nashville, Tennessee, y solía pasar el verano en Arkansas. Las décadas de los cuarenta y los cincuenta no fueron épocas agradables para los negros, y me siento ofendido por las personas blancas que sienten nostalgia por la década de los cincuenta. No siento nostalgia por la segregación, ni por los letreros de "No se permiten personas de color" que ocultaban el paisaje como la hojarasca ocultaba al césped verde y suave del parque; no siento nostalgia por la época en la que arriesgaba mi vida si, al ir de compras con mis padres, levantaba la mirada y accidentalmente me encontraba con la mirada de una mujer blanca. Durante mi infancia y adolescencia, a los hombres y niños negros los linchaban por este motivo.[1]

A continuación, Lester describe la manera en que sobrevivió a aquellos años:

> Crecí en un mundo violento. La segregación era una violencia espiritual mortal, no solo por la cantidad de restricciones sobre dónde podíamos vivir, comer, ir a estudiar y salir en la noche, sino que también había una amenaza constante de muerte física si usted miraba a un hombre blanco de una manera que este considerara equivocada o si a él no le gustaba su actitud. También existía la violencia física de mi comunidad... Lo que he comprobado es que en esas noches en que me quedaba en la cama leyendo novelas de vaqueros y de detectives, yo intentaba neutralizar y resistir la violencia que era una buena parte de mi cotidianidad. En las novelas de vaqueros y de misterio encontraba una especie de espejo en el cual podía aislar un elemento de mi mundo, la violencia, y hacerlo menos perjudicial para mí.[2]

No es de extrañar que Lester encontrara su voz en un libro. Él explica:

> A los dieciocho años, viví una de las experiencias cruciales de mi vida. Caminaba distraído por una librería en el centro de Nashville, un día gris y helado a finales del otoño, consciente de que andaba en busca de algo: me buscaba a mí mismo y, generalmente, me encuentro a mí mismo mientras camino por una librería observando libros hasta que encuentro el libro que me llama la atención. Ese día en particular, caminé por un buen rato hasta tomar un libro de pasta blanda con la palabra *Haiku* en la cubierta. ¿Qué es eso?, me pregunté. Abrí el libro y leí:
>
> > Sobre la rama seca
> >
> > un cuervo se ha posado;
> >
> > tarde de otoño.
>
> Yo temblaba y pasaba las páginas apresuradamente hasta que mis ojos se detuvieron en estas palabras:

Una luciérnaga gigante;

por allá, por aquí, por allá, por...

y pasó de largo.

Leí algo más de los cortos poemas, estas voces del Japón del siglo XVII, y lo supe: esta es mi voz. Esta simplicidad, esta claridad, esta manera de usar las palabras para conducir el alma al silencio y más allá. ¡Esta es mi voz! Me regocijé por dentro. Luego me detuve. ¿Cómo podía yo, un niño pequeño de color de Nashville, Tennessee —y es todo lo que sabía sobre mí mismo por esos días, como una sentencia de muerte perpetua— cómo podía yo sentir que algo escrito en el Japón del siglo XVII fuera mi voz?

Estuve a punto de regresar el libro a su lugar, pero ese impulso interior que me llevó a él no permitiría tal acto de traición propia. Compré el libro y comencé a escribir *haiku*, y el estudio del *haiku* me llevó al estudio del budismo zen, que a su vez me llevó al estudio del arreglo floral, y sospecho que he seguido por ese camino que se me abrió ese día, a mis dieciocho años, aunque ya no escribo *haiku*...[3]

Con el tiempo entendí que tenía todo el sentido para un pequeño niño de color de Nashville, Tennessee, reconocer su voz en la poesía japonesa del siglo XVII. Lo que somos de acuerdo con las definiciones políticas y sociológicas de la sociedad tiene poco que ver con quiénes somos en realidad.

En la tranquilidad y la quietud que nos rodea cuando leemos un libro, nos conocemos a nosotros mismos como no lo hacemos cuando estamos con otras personas. Establecemos una relación íntima con el escritor y, si el escritor ha escrito con sinceridad y si nos entregamos a lo que está escrito, recibimos el regalo de conocernos a nosotros mismos, de maneras sorprendentes que encuentran desprevenida a nuestra alma.[4]

PREGUNTAS DE CONTEXTO

1. ¿Qué barreras interpuso la sociedad en el camino que Julius Lester toma para convertirse en la persona que quiere ser? ¿Cómo superó esas barreras?

2. Cuando Lester encontró un libro de *haiku* en la librería, ¿por qué estuvo a punto de regresarlo a su lugar?

3. Lester escribe que cuando encontró el libro de *haiku*, él dijo: "Lo supe: esta es mi voz". ¿Usted alguna vez ha encontrado su voz en una obra de arte, en la música, la literatura o en una película?

---

[1] Julius Lester, *Falling Pieces of the Broken Sky* (Nueva York: Arcade, 1990), 69. Reproducido con autorización de Menza-Barron Literary Agency.

[2] Lester, *Falling Pieces of the Broken Sky*, 71–73.

[3] Lester, *Falling Pieces of the Broken Sky*, 71–73.

[4] Lester, *Falling Pieces of the Broken Sky*, 71–73.

LECTURA
GÉNERO E IDENTIDAD

A veces, nuestras suposiciones y expectativas sobre los demás nos impiden ver quiénes son realmente como personas. Algunas de las expectativas más poderosas sobre las personas, adquiridas de nuestra cultura, tienen que ver con el género. El sexo de una persona generalmente nos lleva a hacer suposiciones acerca de su identidad. La experta en derecho, Martha Minow, explica:

> Por supuesto, existen "diferencias reales" en el mundo, cada persona difiere de las demás de formas innumerables. Sin embargo, cuando simplificamos y seleccionamos, nos enfocamos en unos rasgos más que en otros y asignamos consecuencias a la presencia y carencia de los rasgos a los que damos importancia. Preguntamos: "¿cuál es el sexo del bebé?" y, esperamos como respuesta, niño o niña. Tal respuesta, durante la mayor parte de la historia, ha determinado consecuencias en cuanto a los papeles y a las oportunidades disponibles para dicha persona.[1]

Lori Duron, autora estadounidense, y su esposo, Matt, tienen dos hijos, ambos varones. Ella escribe lo que ocurrió la primera vez que su hijo más pequeño, C. J., tuvo una muñeca Barbie.

> Luego de que C. J. descubrió la Barbie, esta nunca se apartó de su lado. Cuando hacía la última inspección nocturna, antes de terminar la noche mirando los *reality* en la televisión y comiendo chocolate a escondidas, yo podía ver toda su cabeza y su cabello de color castaño rojizo que sobresalía por encima de sus cobijas. A su lado, también se asomaba un pequeño mechón de cabello rubio.
>
> En la siguiente visita a la sección de juguetes del Target —que yo siempre trataba de cruzar a la velocidad de un rayo para que los niños no se dieran cuenta y empezaran a suplicarme que les comprara algo— C. J. quería ver "cosas de la Barbie". Lo llevé al pasillo correspondiente y se quedó ahí paralizado, sin tocar nada, solo contemplaba todo. Estaba tan sorprendido que no pidió que le comprara nada. Finalmente, se fue del pasillo sin palabras, como si hubiera visto algo tan mágico y majestuoso que necesitaba tiempo para asimilarlo.
>
> Ese día, él había descubierto los pasillos de color rosa en la sección de juguetes. Nunca habíamos estado en esos pasillos; solo frecuentábamos los pasillos azules si es que llegábamos a la sección de juguetes. En lo que le concernía a C. J., yo le había estado ocultando la mitad del mundo.
>
> Eso me hizo sentir mal; sentía que lo había privado a causa de mis suposiciones y expectativas basadas en que era un niño varón y que a los niños varones les gustan las cosas de niños varones. Matt y yo notamos que a C. J. no le gustaba ninguno de los juguetes que le ofrecíamos; todos heredados de su hermano. Notamos que C. J. no pasó por las obsesiones normales de los niños por los juguetes que Chase, [su hermano mayor], había experimentado: poco le importaban las pelotas, los automóviles, los dinosaurios, los superhéroes, The Wiggles, Bob el Constructor o Thomas y sus Amigos. ¿Con qué le gustaba jugar? No nos preocupamos por encontrar la respuesta (por aquello de que el segundo hijo nunca recibe tanta atención como el primero); creíamos que con el tiempo algo atraería su atención. Y así fue, pero no fue de ninguna manera lo que nosotros esperábamos.

Entre los dieciocho y veinticuatro meses de vida de un niño, la neutralidad de género desaparece en los juguetes y comienzan a dominar los juguetes que se comercializan específicamente para los niños o las niñas. No nos dimos cuenta de esto sino hasta más tarde, pero esa división entre el mundo de los juguetes y nuestra casa llena de juguetes solo para niños varones, dejó a C. J. un poco perdido a la hora del juego. Nosotros, así como el resto de la sociedad, hemos estado tratando de imponerle cosas masculinas y de reforzar normas tradicionales de género, cuando todo lo que él quería era peinar un largo cabello rubio, y vestir, desvestir y volver a vestir a una Barbie...[2]

En su reflexión sobre la identidad de C. J., Duron concluye:

En el espectro de la variación de género, del supermacho masculino en el lado izquierdo hasta la niña superfemenina en el extremo derecho, C. J. se desliza fluidamente en el centro; él no es del todo rosa ni del todo azul. Él es un confuso desorden o una creación multicolor, según como se le mire. Matt y yo hemos decidido ver el lado multicolor y no la confusión, pero no siempre lo vimos así.

Al comienzo, la idea de ver a nuestro hijo jugar con cosas de niña o vestir ropa de niña nos oprimía el pecho, nos dejaba un nudo en la garganta y, en ocasiones, queríamos ocultarlo. Sentíamos rabia, ansiedad y miedo. Hemos evolucionado como padres a medida que nuestro hijo menor se ha ido convirtiendo en una persona brillante y fascinante, creativa con el género. A veces, cuando pienso en la manera como nos comportamos como padres... me siento culpable y avergonzada.[3]

PREGUNTAS DE CONTEXTO

1. ¿Cuáles son las diferencias entre los juguetes en el pasillo rosa y los juguetes en el pasillo azul? ¿Qué suposiciones reflejan los juguetes en estos pasillos sobre lo que significa ser un niño o una niña?

2. ¿Cómo explica usted la ansiedad, la rabia y el miedo que Duron sintió cuando C. J. empezó a jugar con "juguetes de niña"? ¿Cómo cambiaron sus sentimientos?

3. ¿Cuáles son otros estereotipos de género en su mundo? ¿Cómo responde usted a las suposiciones que las personas hacen sobre usted debido a su género? ¿Hasta qué punto usted acepta o rechaza esas suposiciones?

---

[1] Martha Minow, *Making All the Difference: Inclusion, Exclusion, and American Law* (Ithaca, Nueva York: Cornell University Press, 1990), 3.

[2] Lori Duron, *Raising My Rainbow: Adventures in Raising a Fabulous, Gender Creative Son* (Nueva York: Broadway Books, 2013), 9–10. Reproducido con autorización de Penguin Random House.

[3] Duron, *Raising My Rainbow*, 4.

LECTURA
EL PELIGRO DE LA HISTORIA ÚNICA

Chimamanda Ngozi Adichie es una escritora que ha ganado varios premios por sus novelas, relatos cortos y ensayos. Nació en Nigeria y estudió en universidades de Nigeria y de los Estados Unidos. Ahora reside en ambos países. En su charla de TED, "El peligro de la historia única", Adichie describe las repercusiones que las etiquetas pueden tener en la manera como pensamos sobre nosotros mismos y los demás.

> Vengo de una familia nigeriana convencional de clase media. Mi padre era profesor universitario. Mi madre era administradora. Y, como era costumbre, teníamos personal de servicios domésticos, generalmente proveniente de aldeas rurales cercanas. Cuando cumplí ocho años, recibimos a un empleado doméstico. Su nombre era Fide. Lo único que mi madre nos dijo sobre él era que su familia era muy pobre. Mi madre le enviaba a su familia ñame, arroz y nuestra ropa usada. Cuando yo no terminaba mi cena, mi madre decía: "¡Termina tu cena! ¿Acaso no sabes que personas como la familia de Fide no tienen nada?" Así que sentía mucha lástima por la familia de Fide.
>
> Luego, un sábado fuimos a su aldea a visitarlos y su madre nos mostró una canasta diseñada a la perfección, que el hermano de Fide había tejido con rafia teñida. Quedé sorprendida; pues no se me había ocurrido que alguien en su familia pudiera hacer algo. Solo había escuchado hablar de su terrible pobreza, así que para mí era imposible verlos como algo más que pobres. Su pobreza era la única historia que conocía sobre ellos.
>
> Años después, pensé en eso cuando salí de Nigeria para ir a la universidad en los Estados Unidos. Yo tenía 19 años. Mi compañera de habitación estadounidense quedó impresionada conmigo, me preguntó en dónde había aprendido a hablar inglés tan bien, y se sintió confundida cuando le dije que, de hecho, el idioma oficial de Nigeria era el inglés. Me preguntó si podía escuchar, lo que ella llamaba, mi "música tribal" y, por supuesto, se sintió muy desilusionada cuando reproduje la cinta de Mariah Carey [cantante popular estadounidense]. Ella asumía que yo no sabía usar una estufa.
>
> Lo que más me sorprendió fue que ella sentía pena por mí, incluso antes de conocerme. Su actitud anticipada hacia mí, como africana, era una especie de lástima condescendiente y bien intencionada. Mi compañera de habitación solo conocía una historia de África: una historia única de catástrofes; en dicha historia única, no cabía la posibilidad de que los africanos se parecieran a ella de ninguna manera; no cabía la posibilidad de sentir algo más complejo que lástima; no cabía la posibilidad de crear una conexión como seres humanos iguales.
>
> Debo decir que antes de ir a los Estados Unidos, no me identificaba de manera consciente como africana, pero en los Estados Unidos, siempre que se hacía referencia a África las personas recurrían a mí; no importaba que yo no supiera nada sobre países como Namibia. Sin embargo, aprendí a acoger esta nueva identidad y, hoy en día, me veo a mí misma como africana, en muchos sentidos...

Así que, luego de pasar algunos años en los Estados Unidos como africana, comencé a entender la reacción de mi compañera de habitación. Si no hubiera crecido en Nigeria, y si solo hubiera conocido África a través de imágenes populares, yo también habría pensado que África era un lugar de hermosos paisajes y animales, y de gente incomprensible que libran guerras sin sentido y mueren a causa de la pobreza y del sida, incapaces de hablar por sí mismos y que esperan ser salvados por un extranjero blanco y gentil. Hubiera visto a los africanos de la misma manera en que había visto a la familia de Fide, cuando era una niña...

Empecé a entender que mi compañera de habitación estadounidense debió haber visto y escuchado, a lo largo de su vida, diferentes versiones de esta historia única...

Pero debo añadir cuanto antes que yo también soy igual de culpable si nos referimos al asunto de la historia única. Hace unos años, viajé de los Estados Unidos a México. En esa época, el clima político de los Estados Unidos era tenso y había debates sobre la inmigración. Y, como suele ocurrir en los Estados Unidos, la inmigración se volvió sinónimo de mexicanos. Hubo un sinfín de noticias de mexicanos que saqueaban el sistema de salud, que se escabullían por la frontera, que eran arrestados en la frontera, ese tipo de noticias.

Recuerdo mi primer día, dando una vuelta por Guadalajara, mirando a las personas mientras se desplazaban al trabajo, preparaban tortillas en la plaza de mercado, fumaban y reían. Recuerdo que al comienzo me sentí un poco sorprendida y luego me embargó la vergüenza. Me di cuenta que había estado tan inmersa en el cubrimiento mediático sobre los mexicanos que se habían convertido en una sola cosa en mi mente: inmigrantes abyectos. Había creído en la historia única sobre los mexicanos y no podría haber sentido más vergüenza de mí misma. Es así como se crea una historia única, mostrando a las personas como una cosa, como una sola cosa, una y otra vez, hasta que se convierten en eso.

Es imposible hablar de la historia única sin hablar del poder. Existe una palabra en igbo [un idioma hablado en Nigeria], que recuerdo cada vez que pienso en las estructuras de poder en el mundo, esa palabra es "nkali"; un sustantivo cuya traducción es "ser más grande que el otro". Al igual que nuestros mundos políticos y económicos, las historias también se definen por el principio de nkali: cómo se cuentan, quién las cuenta, cuándo se cuentan, cuántas historias se cuentan; en realidad, todo depende del poder.

El poder es la capacidad no solo de contar la historia de otra persona, sino de convertirla en la historia definitiva de esa persona...

[L]a verdad es que tuve una infancia muy feliz, llena de risas y amor, en el seno de una familia muy unida.

Pero también tuve abuelos que murieron en campos de refugiados; mi primo Polle murió porque no pudo recibir atención médica adecuada; uno de mis amigos más cercanos, Okoloma, murió a causa de un accidente aéreo porque nuestros camiones de bomberos no tenían agua. Crecí bajo regímenes militares represivos que menospreciaban la educación, por lo que mis padres a veces no recibían sus salarios. En consecuencia, en mi infancia, vi la jalea desaparecer de la mesa a la hora del desayuno, luego fue la margarina; después, el pan se volvió muy costoso y luego racionaron la leche. Y, más que nada, una especie de temor político generalizado invadió nuestras vidas.

Lo que soy ahora, es producto de todas estas historias, pero insistir solo en historias negativas sería simplificar mi experiencia y pasar por alto muchas otras historias que me formaron. La historia única crea estereotipos, y el problema con los estereotipos no es que sean falsos, sino que estén incompletos. Hacen que una sola historia se convierta en la única historia.

Por supuesto, África es un continente plagado de catástrofes: algunas son inmensas, como las terribles violaciones en el Congo y otras son deprimentes, como el hecho de que se postulen 5,000 personas por cada vacante laboral en Nigeria. Sin embargo, existen otras historias que no hablan de catástrofes y es igualmente importante hablar de ellas.

Siempre he pensado que es imposible relacionarse adecuadamente con un lugar o una persona sin relacionarse con todas las historias de ese lugar y esa persona. La consecuencia de la historia única es que... despoja a las personas de su dignidad; dificulta el reconocimiento de nuestra igualdad humana; enfatiza nuestras diferencias en lugar de nuestras similitudes.

Entonces, ¿qué tal si el debate sobre la inmigración, entre los Estados Unidos y México, me hubiera influenciado antes de mi viaje a México? ¿Qué tal si mi madre nos hubiera explicado que la familia de Fide era pobre y muy trabajadora? ¿Qué tal si tuviésemos una cadena de televisión africana que presentara diversas historias africanas en todo el mundo?...

... ¿Qué tal si mi compañera de habitación hubiera sabido algo sobre la abogada que recientemente acudió a los tribunales en Nigeria con el fin de demandar una ley ridícula que les exigía a las mujeres obtener el consentimiento de sus esposos para renovar sus pasaportes? ¿Qué tal si mi compañera de habitación hubiera sabido algo sobre Nollywood?, un lugar repleto de personas innovadoras que hacen películas a pesar de las grandes deficiencias técnicas; películas tan populares que son realmente el mejor ejemplo de cómo los nigerianos consumen lo que producen. ¿Qué tal si mi compañera de habitación hubiera sabido algo sobre la persona emprendedora y maravillosa que trenza mi cabello, quien acaba de iniciar su propio negocio de venta de extensiones de cabello? O, ¿qué tal si hubiera sabido algo sobre los millones de nigerianos que también emprenden negocios y a veces fracasan, pero siguen siendo emprendedores?

Cada vez que estoy en casa me enfrento a lo que irrita usualmente a la mayoría de nigerianos: nuestra infraestructura deficiente, nuestro gobierno fracasado, pero también me encuentro con la increíble resiliencia de las personas que prosperan a pesar del gobierno y no gracias al él. Todos los veranos imparto talleres de escritura en Lagos, y es impresionante ver la cantidad de personas que se inscriben y la cantidad de personas ansiosas por escribir y por contar historias...

Las historias importan. Muchas historias importan. Las historias se han utilizado para despojar y para difamar, pero también se pueden utilizar para empoderar y humanizar. Las historias pueden romper la dignidad de las personas, pero también pueden reparar esa dignidad rota.

La escritora estadounidense, Alice Walker, escribió esto sobre sus parientes sureños que se habían mudado al Norte. Les mostró un libro sobre la vida sureña que habían dejado atrás. "Estaban sentados, leyendo el libro, escuchándome mientras yo lo leía, y fue así que sintieron que recuperaban una especie de paraíso". Me gustaría terminar con esta reflexión: cuando rechazamos la historia única, cuando nos damos cuenta de que nunca hay una historia única sobre ningún lugar, recuperamos una especie de paraíso.

---

[1] Chimamanda Adichie, "El peligro de la historia única", video de TED (filmado en julio y publicado en octubre de 2009), 18:49, consultado el 28 de marzo de 2016, https://www.ted.com/talks/chimamanda_adichie_the_danger_of_a_single_story.

MATERIAL IMPRESO
GUÍA DE VISUALIZACIÓN/ DE LECTURA DE "EL PELIGRO DE UNA HISTORIA ÚNICA"

INDICACIONES: mientras ve el video o lee el texto en voz alta con su clase, responda las siguientes preguntas:

1. ¿Cómo se describe Adichie al comienzo de su charla? ¿Qué palabras y frases podría incluir ella en su propio diagrama de identidad?

2. Más adelante en la historia, descubrimos cómo la ven otras personas. ¿Cómo difieren esos puntos de vista de la manera en que ella se describe?

3. Según Adichie, ¿qué dilemas pueden surgir cuando los demás nos ven de manera diferente a la que nosotros nos vemos?

LECTURA
UNIVERSO DE OBLIGACIONES

¿Qué significa ser miembro de un grupo? En grupo, satisfacemos nuestras necesidades más básicas, aprendemos un idioma y una cultura o forma de vida. En grupo, también satisfacemos nuestro anhelo de pertenecer, recibir consuelo en momentos difíciles y encontrar compañeros que compartan nuestros sueños, valores y creencias. Los grupos también brindan seguridad y protección contra aquellos que podrían querer hacernos daño. Por lo tanto, la manera en que un grupo define su pertenencia es importante. La pertenencia puede tener ventajas significativas; excluir a una persona puede dejarla vulnerable.

La manera en que los miembros definen quién pertenece y quién no pertenece a un grupo, nación o comunidad tiene mucho que ver con la forma como definen su universo de obligaciones. La socióloga Helen Fein acuñó esta frase para describir al grupo de individuos dentro de una sociedad "con quienes tenemos obligaciones, a quienes se aplican las reglas y cuyas ofensas exigen ser reparadas"[1] Es decir, el universo de obligaciones de una sociedad incluye a aquellas personas que la sociedad cree que merecen respeto y cuyos derechos considera dignos de ser protegidos.

El universo de obligaciones de una sociedad puede cambiar. Las personas y los grupos que son miembros respetados y protegidos de una sociedad pueden, en un momento dado, encontrarse fuera del universo de obligaciones cuando las circunstancias son diferentes; por ejemplo, durante una guerra o una depresión. Las creencias y las actitudes que son ampliamente compartidas entre los miembros de una sociedad también pueden afectar la manera en que esta define su universo de obligaciones. Por ejemplo, a lo largo de la historia, las creencias y las actitudes sobre religión, género y raza han permitido determinar qué personas protege una sociedad y cuáles no.

A pesar de que Fein usa el término para describir la forma en que las naciones determinan la pertenencia, también podríamos referirnos al universo de obligaciones de una persona para describir el círculo de otros individuos que dicha persona siente la obligación de cuidar y proteger. El rabino Jonathan Sacks describe cómo definen las personas a aquellos por quienes se sienten responsables: "[El filósofo del siglo XVIII] David Hume notó que nuestra empatía disminuía a medida que nos íbamos alejando de los miembros de nuestra familia y acercando a nuestros vecinos, nuestra sociedad y el mundo. Tradicionalmente, nuestro sentido de involucramiento en el destino de otros ha sido inversamente proporcional a la distancia que nos separa."[2]

El académico y activista social Chuck Collins define su universo de obligaciones de manera diferente del ejemplo que ofrece Sacks. En la década de los ochenta, Collins donó a obras de caridad el medio millón de dólares que heredó de su familia. Collins le dijo al periodista Ian Parker:

> Claro que tenemos que responder por nuestra familia inmediata, pero, una vez estén bien, debemos ampliar el círculo. Un espíritu de familia más grande es una idea radical, pero nos metemos en problemas como sociedad cuando no vemos que estamos en el mismo barco.[3]

PREGUNTAS DE CONTEXTO

1. ¿Qué factores influyen en la forma en que la sociedad define su universo de obligaciones? ¿De qué manera podría una nación o comunidad señalar quién hace parte de su universo de obligaciones y quién no?

2. Según su opinión, ¿cuáles pueden ser las consecuencias para aquellos que no pertenecen al universo de obligaciones de una sociedad?

3. ¿Qué factores influyen en la forma en que una persona define su universo de obligaciones? ¿De qué manera podría una persona darles a entender a otros quién hace parte de su universo de obligaciones y quién no?

4. En el siglo XIX, el sociólogo William Graham Sumner escribió: "Todo hombre y toda mujer de la sociedad tienen un gran deber. Y este es, cuidar de sí mismos". ¿Está de acuerdo con Sumner? ¿Por qué sí? O ¿por qué no? ¿Está mal dar prioridad al cuidado de las personas más cercanas con respecto a los demás? ¿En qué se diferencia la sugerencia de Sumner sobre cómo definimos el universo de obligaciones del punto de vista de Chuck Collins?

5. ¿Cómo describiría el universo de obligaciones de su nación? ¿De su escuela? ¿El suyo propio?

---

[1] Helen Fein, *Accounting for Genocide* (Nueva York: Free Press, 1979), 4.

[2] Jonathan Sacks, *The Dignity of Difference: How to Avoid the Clash of Civilizations* (Londres: Continuum, 2002), 30.

[3] Ian Parker, "The Gift", *New Yorker*, 2 de agosto de 2004, 60.

MATERIAL IMPRESO

DESCRIPCIÓN GENERAL DEL ANTIJUDAÍSMO Y EL ANTISEMITISMO

INDICACIONES: mientras lee, haga comentarios sobre el texto realizando los siguientes pasos:

1. Encierre en un círculo las palabras desconocidas.
2. Escriba un signo de interrogación (?) en el margen en las partes sobre las que tenga dudas.
3. Pare y responda las preguntas de las casillas. Subraye la(s) parte(s) del texto donde encontró la respuesta a una pregunta.

El judaísmo es la religión monoteísta más antigua. Durante buena parte de la historia de la fe, los judíos vivieron en territorios gobernados por otros grupos. Con frecuencia se les trataba como forasteros y se les culpaba de los desastres soportados por las sociedades en las que han vivido. A lo largo de la historia han existido rumores, mentiras, mitos y desinformación constante sobre los judíos. Muchos de ellos persisten en el mundo contemporáneo. Este odio a menudo ha llevado a la violencia.

En el año 63 A.C., los romanos conquistaron Jerusalén, el centro de la vida judía. Ellos incorporaron la antigua Israel, la tierra donde los judíos vivían, al Imperio romano. Los romanos fueron gobernantes despiadados que exigieron a quienes gobernaban que veneraran a su gran número de dioses. Los judíos veneraban a un solo dios. Así que los romanos respondieron con persecución y violencia; destruyeron el centro de la vida judía, el templo en Jerusalén, en el año 70 A.C. Además, en el año 130 A.C., los romanos atacaron de nuevo a Jerusalén; desplazaron a buena parte de la población judía de la región que los judíos consideraban su patria.

> ¿Por qué los romanos veían a los judíos como una amenaza?

Durante este periodo de dominio romano, surgió del judaísmo una nueva fe, el cristianismo. Jesús y sus primeros discípulos eran judíos; sin embargo, los primeros cristianos se distanciaron de los judíos, a medida que el cristianismo se extendió después de que los romanos ejecutaran a Jesús. Esto se debió, en parte, para evitar que los romanos los persiguieran. Con el tiempo, el cristianismo y el judaísmo se volvieron religiones independientes y rivales. En el siglo IV, el cristianismo se convirtió en la religión oficial del Imperio romano. Los judíos siguieron siendo una minoría.

Con el tiempo crecieron las mentiras y los mitos sobre los judíos. La sociedad cristianoromana los representaba cada vez más como los "otros". También se les culpaba de distintos males sociales. Entre estos mitos estaba la falsa acusación de que los judíos y no los romanos eran los culpables de la muerte de Cristo. Otra gran mentira acusaba a los judíos de hacer pactos con el diablo.

A lo largo de la Edad Media, los ejércitos cristianos europeos atacaron a las comunidades judías. Los judíos también fueron falsamente acusados de ocasionar la peste negra. En algunos lugares de Europa los obligaron a vivir en guetos y a portar distintivos de identificación; en otros lugares, los expulsaron por completo. Esto ocurrió en 1492. El rey Fernando y la reina Isabel obligaron a los judíos a abandonar la península ibérica a menos que se convirtieran. No obstante, en el siglo XVI, ni siquiera la conversión era suficiente para salvar a los judíos en España. Surgió una afirmación entre muchos cristianos con respecto a que aquellos que habían nacido como judíos tenían "sangre judía". Esta afirmación señalaba que la conversión al cristianismo no cambiaba la identidad fundamental de los judíos.

> ¿De qué culpaban los cristianos a los judíos en la Edad Media? ¿Qué consecuencias les trajo a muchas comunidades judías?

Entrado el siglo XVI, los cristianos conocidos como protestantes se separaron de la Iglesia católica. Muchos protestantes creyeron que los judíos se convertirían a su nueva fe cristiana. Cuando esto no sucedió, el líder protestante Martín Lutero se volvió en contra de los judíos; ordenó que prendieran fuego a las sinagogas y a las casas de los judíos.

Las ideas de la Ilustración se habían extendido a lo largo de Europa en el siglo XVIII. Entre esas ideas se decía que la sociedad podía mejorarse a través del uso de la ciencia y la razón humanas y por medio de ideales de igualdad. Entre finales del siglo XVIII y principios del siglo XX, las leyes y las restricciones que discriminaban a los judíos se derogaron en muchas sociedades europeas. En muchos lugares, se les permitió a los judíos participar de manera más activa en la política, la economía y la vida social de los lugares donde vivían.

A medida que las restricciones a los judíos disminuían en toda Europa durante el siglo XIX, los judíos comenzaron a integrarse más a la sociedad europea. Algunos judíos se volvieron líderes exitosos y reconocidos en una diversidad de profesiones; algunos se convirtieron en funcionarios del gobierno de alto rango. Esto desató una respuesta negativa por parte de aquellos que seguían teniendo prejuicios en contra de los judíos o que se sentían amenazados por su creciente éxito (aunque la mayoría de los judíos europeos siguieron siendo pobres). Se difundieron teorías de una falsa conspiración por toda Europa sobre cómo los judíos secretamente controlaban gobiernos poderosos. Las teorías también señalaban que los judíos controlaban las instituciones financieras y buscaban enriquecerse a expensas de los europeos no judíos.

¿Qué impacto tuvieron las ideas de la Ilustración en el trato que se le daba a los judíos en Europa?

Durante el mismo periodo, el campo de la "ciencia racial" surgió en Europa y en Norteamérica. En parte, esto buscaba reflejar la esclavitud y otras divisiones en la sociedad como algo "natural".

Los científicos raciales que dividían a los humanos en razas separadas empezaron a considerar a los judíos como una raza. En 1878, el alemán Wilhelm Marr popularizó la idea de que los judíos eran una raza distinta y peligrosa; los llamó la raza "semita". Él creía que esta raza agredía a Alemania y reducía las fortunas de los alemanes verdaderamente "arios". Los "arios" eran una raza mítica, supuestamente superior. Muchos europeos del norte se creían descendientes de la raza "aria". Marr acuñó el término "antisemitismo" para describir su convicción de que los judíos eran peligrosos y, por ende, no se les debía permitir su participación en la sociedad alemana.

¿De qué manera Wilhelm Marr aplicó las ideas de la "raza" a los judíos? ¿Cómo la "ciencia racial" respaldaba sus puntos de vista?

A principios del siglo XX, el antisemitismo se popularizó en toda Europa. Los judíos fueron falsamente acusados de la destrucción y la derrota que sufrió Alemania y sus aliados en la Primera Guerra Mundial. También se les acusó de la revolución comunista que derrocó al zar de Rusia. De este modo, inspiraron temor en las sociedades capitalistas de toda Europa. Durante el siglo XX, se usaron estos mitos y mentiras para justificar la creciente discriminación y la violencia en contra de los judíos.

LECTURA
"NOSOTROS NO CONTROLAMOS A LOS ESTADOS UNIDOS" Y OTROS MITOS — PARTE 1

Miriam hace la siguiente observación:

> El año pasado fui tutora de esta escuela de enfermería. Esta mujer era oriunda de Guatemala. Estoy segura de que había recibido educación, pero no hablaba inglés. Mi trabajo consistía en enseñarle inglés y ayudarle a lograr un nivel lo suficientemente bueno como para aprobar el examen de ingreso. Un día me dijo: "Miriam, ¿tú eres judía?". Le respondí: "Sí". Ella señaló: "¿sabes cómo lo supe? Porque eres muy inteligente y te vistes modestamente". Luego añadió: "Los judíos son personas de Dios, lo dice la Biblia. Es por eso que son muy inteligentes y ricos".
>
> Yo no supe que responder. Las personas suelen hacer énfasis en que los judíos son inteligentes y buenos estudiantes. Si las personas lo ven así, está bien. Sin embargo, el problema es pensar que todos los judíos son ricos cuando no lo son. El trimestre pasado estuve en Argentina. Ellos están pasando por una crisis económica inmensa y hay mucha pobreza extrema. Las sinagogas alimentan a una gran cantidad de judíos que no tienen con qué comer. Nadie puede pagar las pensiones en las escuelas judías. Allá, el antisemitismo es un problema aún más difícil. Una mujer uruguaya le dijo a un amigo mío que los judíos controlan todo en Argentina.
>
> Es extraña la disposición de las personas a creer cosas como esas. Considero que ahí es cuando los estereotipos se convierten en un problema. No está bien decir: "Todos los judíos son más ricos", ni "Los judíos lo controlan todo", ni "Hay un no sé qué en los judíos".[1]

---

[1] "There's Something About the Jews", en Pearl Gaskins, *I Believe In…: Christian, Jewish, and Muslim Young People Speak About Their Faith* (Chicago: Cricket Books, 2004), 92.

LECTURA

"NOSOTROS NO CONTROLAMOS A LOS ESTADOS UNIDOS" Y OTROS MITOS — PARTE 2

Darcy señala lo siguiente:

> A veces son solo preguntas inocentes: las personas no saben que no es así. Le preguntaron a una amiga judía si era cierto que los judíos congelaban las placentas de sus bebés y luego se las comían. No, pero aún circulan versiones de los libelos de sangre; [la mentira] acerca de que los judíos usan la sangre de niños cristianos para hacer la matzá para la Pascua judía...
>
> Tengo una compañera de clase que es egipcia. Una vez, ella fue conmigo a la sinagoga y repasaba el libro de oraciones, el cual está escrito en hebreo e inglés. Ella buscaba la parte donde dice que debemos matar a todos los árabes, porque eso era lo que siempre le habían enseñado. Sin embargo, no hay nada en el libro de oraciones ni nada parecido al respecto porque los judíos no creen eso; no les enseñamos a nuestros niños a odiar a los árabes o que ellos o alguna otra persona que no sea judía deba morir.
>
> Ella también cree que los judíos controlan a los Estados Unidos, algo que mucha gente piensa. Nosotros no controlamos a los Estados Unidos. De hecho, hasta hace muy poco, en muchos aspectos éramos parecidos a los negros. Era una moda tener aversión por los judíos; nos excluían de los clubes sociales. Si observan las actas constitutivas de las comunidades controladas mediante pactos, encontrarán que las antiguas actas constitutivas incluyen en sus reglas: "No se admiten negros ni judíos. Corte el césped de su casa una vez por semana". Lo ponían como si fuera algo normal.[1]

---

[1] "There's Something About the Jews", en Pearl Gaskins, *I Believe In...: Christian, Jewish, and Muslim Young People Speak About Their Faith* (Chicago: Cricket Books, 2004), 92.

LECTURA

"NOSOTROS NO CONTROLAMOS A LOS ESTADOS UNIDOS" Y OTROS MITOS — PARTE 3

La gimnasta olímpica, Kerri Strug, escribe lo siguiente:

> He escuchado la misma pregunta una y otra vez desde que subí al podio olímpico a recibir mi medalla de oro en gimnasia. "¿Eres judía?", pregunta la gente con tono de sorpresa. Tal vez es mi apariencia o el estereotipo de que los judíos y los deportes no combinan, lo que hace que mi ascendencia judía sea tan inesperada. Pienso en los atributos que me ayudaron a alcanzar ese podio: perseverancia frente al dolor, años de paciencia y esperanza en un futuro incierto, y la fe y la devoción por algo superior a mí. Es difícil para mí creer que no parecía judía allá arriba en el podio. A mi modo de ver, esos son atributos que han definido a los judíos a lo largo de la historia.[1]

---

[1] Kerri Strug, "You're Jewish?" en *I Am Jewish: Personal Reflections Inspired by the Last Words of Daniel Pearl*, ed. Judea y Ruth Pearl (Woodstock, Vermont: Jewish Lights, 2004), 98.

MATERIAL IMPRESO
INTRODUCCIÓN A LA REPÚBLICA DE WEIMAR

INDICACIONES: marque una **D** junto a la información sobre la República de Weimar que representa las características de una democracia, y una **X** junto a la información que describe los problemas o los desafíos de una democracia.

De la monarquía a la democracia

Después de la Primera Guerra Mundial, los líderes políticos de Alemania buscaron transformar la monarquía alemana en una democracia, llamada la República de Weimar (1918–1933). La Constitución de Weimar dividía el poder en tres ramas de gobierno. Se llevaron a cabo elecciones del presidente y del Reichstag (el Parlamento) al tiempo que se designó la rama judicial.

La Constitución de Weimar

Adoptada el 11 de agosto de 1919, la nueva Constitución de Weimar enunciaba los "derechos y obligaciones fundamentales" de los funcionarios del gobierno y de los ciudadanos a los que prestaban servicios. La mayor parte de esos derechos y obligaciones no existían en Alemania en los tiempos del káiser, entre ellos, la igualdad ante la ley, la libertad de culto y la privacidad. Si bien estos derechos fueron incluidos en la Constitución de Weimar, la libertad individual no fue totalmente protegida. Las antiguas leyes que negaban las libertades permanecieron, incluidas las leyes que discriminaban a los hombres homosexuales y a los "gitanos" (este nombre que hoy se considera despectivo, se usaba para describir a dos grupos de personas llamados los sinti y los rom).

El Reichstag

Los alemanes votaban por un partido en lugar de un candidato, con el fin de ocupar el Reichstag (el Parlamento alemán). Las elecciones definían el porcentaje de escaños que cada partido recibía en el Reichstag, pero los partidos elegían a las personas que ocuparían cada escaño asignado. Por ejemplo, si un partido recibía el 36% del voto, este obtendría el 36% de los escaños en el Reichstag.

Las funciones del presidente y el canciller

Como jefe de gobierno, el presidente controlaba las fuerzas armadas de la nación y tenía la facultad de destituir al Reichstag, provocando nuevas elecciones. El presidente también nombraba al canciller de la nación. En un sistema parlamentario, el canciller (o primer ministro, en algunos países) está a cargo de las funciones cotidianas del gobierno. Durante los primeros diez años de la República de Weimar, el presidente generalmente nombraba a un canciller del partido que había obtenido la mayoría de escaños en el Reichstag.

Conformar una mayoría

Durante el periodo de la República de Weimar, ningún partido individual obtuvo jamás la mayoría en el Reichstag. Por esto, dos o más partidos generalmente se aliaban para conformar una mayoría y controlar el parlamento. Sin embargo, casi cualquier desacuerdo entre los partidos podía fracturar una coalición de ese tipo. Cuando eso ocurría, se llevaba a cabo una nueva elección, como ocurrió 20 veces durante el periodo de la República de Weimar.

Artículo 48

El Artículo 48 de la Constitución de Weimar le otorgó al presidente facultades de emergencia bajo ciertas circunstancias. Si "la seguridad y el orden público se ven seriamente perturbados o amenazados", el presidente estaba facultado para suspender las libertades civiles y proclamar leyes sin el consentimiento del Reichstag.

El Artículo 48 pretendía ser una válvula de escape para proteger a Alemania durante emergencias de estado al permitirles a sus líderes actuar con celeridad. Sin embargo, el presidente por sí solo decidía si había una emergencia, y el primer presidente de la República de Weimar, Friedrich Ebert, invocó el Artículo 48 para expedir decretos en 136 ocasiones, de las cuales solo algunas eran verdaderas situaciones de emergencia.

Violencia en el gobierno de Weimar

Docenas de partidos políticos competían por el apoyo de los ciudadanos alemanes. En algunas elecciones, las listas electorales incluían más de 30 partidos de donde elegir. Muchos partidos políticos tenían sus ejércitos privados o paramilitares. Por ese motivo, los desacuerdos y las discusiones políticas en las calles a menudo se volvían violentos.

MATERIAL IMPRESO
IMÁGENES DE LA REPÚBLICA DE WEIMAR

IMAGEN 1: REPÚBLICA DE WEIMAR

IMAGEN 2: REPÚBLICA DE WEIMAR

IMAGEN 3: REPÚBLICA DE WEIMAR

IMAGEN 4: REPÚBLICA DE WEIMAR

IMAGEN 5: REPÚBLICA DE WEIMAR

LEYENDA DE LAS IMÁGENES DE LA REPÚBLICA DE WEIMAR

1. *Metrópolis*, de Otto Dix (1928)

Además de sus representaciones de la Primera Guerra Mundial (*Soldado herido*), Otto Dix fue conocido por criticar implacablemente a la sociedad alemana durante los años de la República de Weimar.

Créditos: akg-images

2. *El agitador*, de George Grosz (1928)

Grosz es uno de los artistas más importantes relacionados con el movimiento de la nueva objetividad. Los nuevos objetivistas creían que estaban desafiando al público a ver el mundo como realmente era, y no como les gustaría que fuera. A menudo, las pinturas y los bocetos de Grosz juzgaban de manera crítica a la sociedad alemana durante la República de Weimar.

Créditos: Colección Stedelijk Museo de Ámsterdam

3. Marlene Dietrich en la película *Ángel Azul* (1930)

Ángel Azul, dirigida por Josef von Sternberg, fue el primer largometraje sonoro de Alemania; las anteriores eran de cine mudo. La película cuenta la historia de un profesor universitario que está destrozado por la atracción que siente por Lola-Lola, una bailarina de cabaret, interpretada por la germano-estadounidense Marlene Dietrich. La película convirtió a Dietrich en una estrella de cine internacional, y continuó su carrera de actuación en los Estados Unidos.

Créditos: MARKA / Alamy

4. *Cuchillo de cocina*, de Hannah Höch (1919)

La obra de Höch estaba conformada principalmente por colajes, con frecuencia, hechos con fotografías. Höch hizo parte del movimiento dadaísta, el cual se formó, en parte, como reacción contra la muerte y la destrucción de la Primera Guerra Mundial. Los dadaístas valoraban la irracionalidad y consideraban su trabajo como "anti-arte".

Créditos: bpk, Berlín / Staatliche Museen / Jörg P. Anders / Art Resource, Nueva York

5. *El Ballet Triádico* (1926)

El Ballet Triádico fue creado por Oskar Schlemmer, pintor, escultor, diseñador y coreógrafo que enseñaba en la escuela de artes de la Bauhaus en Alemania durante la República de Weimar. El balet de Schlemmer representó el estilo de la Bauhaus: ordenado, moderno y geométrico.

Créditos: El museo J. Paul Getty, Los Ángeles

MATERIAL IMPRESO
LA EDUCACIÓN EN LA REPÚBLICA DE WEIMAR

INDICACIONES: mientras lee, haga comentarios sobre el texto realizando los siguientes pasos:

1. Encierre en un círculo las palabras desconocidas.
2. Escriba un signo de interrogación (?) en el margen en las partes sobre las que tenga dudas.
3. Responda las preguntas que aparecen después del texto.

Durante la República de Weimar, las escuelas de Alemania seguían siendo centros de tradición. La mayoría de los maestros eran conservadores, tanto en su manera de enseñar como en sus posturas políticas, y muchos eran antisocialistas y antisemitas. Un joven, conocido como Klaus, describe su educación en la década de los veinte:

> Nos enseñaban la historia como una serie de acontecimientos; teníamos que aprender fechas, nombres y lugares de las batallas. Se hacía énfasis en aquellos periodos en los que Alemania había ganado las guerras, pero se omitían los periodos en los que Alemania había perdido. Poco escuchamos sobre la Primera Guerra Mundial, excepto que el Tratado de Versalles había sido una desgracia y, de una forma vaga, que eso algún día sería rectificado. En mi escuela, una de las mejores en Berlín, se impartían tres cursos de historia griega y romana, cuatro de historia medieval y ninguno sobre el gobierno. Si intentábamos asociar ideas que obteníamos de la literatura o la historia a los acontecimientos del momento, nuestros maestros cambiaban el tema.
>
> Francamente no creo que nadie intentara evadir el tema político de forma intencional. Esos maestros en verdad parecían creer que lo que pasaba en los Imperios griego y romano era más importante que lo que ocurría en las calles de Múnich y Berlín. Consideraban que cualquier intento de plantear asuntos políticos actuales se usaba como distracción… porque no habíamos hecho la tarea.
>
> Además, siempre había muchas tareas en escuelas que, como la mía, preparaba a los estudiantes para la universidad. Al final del último año, debíamos presentar un examen detallado y demasiado exigente llamado *Abitur*; los resultados de dicho examen podían definir todo nuestro futuro. Nuevamente, el *Abitur* se centraba en nuestro conocimiento de los hechos, no en la interpretación ni en la expresión de las ideas personales.[1]

---

[1] Ellen Switzer, *How Democracy Failed* (Nueva York: Atheneum, 1977), 62–63. Reproducido con autorización de Curtis Brown, Ltd.

1. Anote el título y escriba un resumen (tres o cuatro oraciones) de esta lectura.

2. ¿Qué tipo de educación cree que prepara mejor a los estudiantes para ser ciudadanos en una democracia? ¿Cree usted que la educación que Klaus describe prepararía a los estudiantes para participar en una democracia? Explique su opinión.

MATERIAL IMPRESO
VOCES EN LA OSCURIDAD

INDICACIONES: mientras lee, haga comentarios sobre el texto realizando los siguientes pasos:

1. Encierre en un círculo las palabras desconocidas.
2. Escriba un signo de interrogación (?) en el margen en las partes sobre las que tenga dudas.
3. Responda las preguntas que aparecen después del texto.

A menudo, la vida en la Alemania durante el periodo de la República de Weimar era impredecible, tal como lo descubrió Henry Buxbaum, excombatiente, a principios de la década de los veinte:

> El tren estaba en completa oscuridad. Las luces apagadas, nada raro después de la guerra, cuando los ferrocarriles alemanes estaban totalmente deteriorados y pocas cosas funcionaban correctamente... Esa noche, éramos siete u ocho personas a oscuras, en un vagón de cuarta clase, sentados en absoluto silencio hasta que uno de los hombres comenzó a decir el típico refrán: "Esos malditos judíos son la causa de todos nuestros problemas". Rápidamente, otros se unieron. Yo no los podía ver y no tenía idea de quiénes eran, pero sus voces parecían de hombres más jóvenes. Continuaron con la misma letanía una y otra vez, culpando a los judíos por todo lo malo que había pasado en Alemania y por cualquier otra adversidad en este mundo. Siguieron, con una cacofonía de obscenidades que cada vez se volvía más agresiva y, al mismo tiempo, más insoportable con cada oración que resonaba en mis oídos. Finalmente, no pude aguantarlo más. Sabía muy bien que iniciar algo con ellos me causaría problemas y que responderles no era exactamente lo más sabio, pero no pude evitarlo... Empecé de manera natural con el anuncio: "Bueno, pues yo soy judío, y, etc., etc.". Esa era la señal que necesitaban. En ese momento, se abalanzaron sobre mí y me amenazaron físicamente. No pude mantenerme callado y la discusión continuó. Empezaron a empujarme hasta que uno de ellos... probablemente más alentado por la oscuridad que por su propia valentía, sugirió: "Saquemos a este judío del tren". No me atreví a ignorar esa señal y, de ahí en adelante, me quedé en silencio. Sabía que, por el momento, el silencio era preferible a caer bajo las ruedas de un tren en movimiento. Uno de los hombres en nuestro vagón, más agresivo que los otros en sus ataques, se bajó conmigo del tren, en Friedburg. Cuando lo vi bajo la tenue luz de la plataforma, lo reconocí, era un compañero de nuestro club de fútbol a quien conocía bastante bien... Nunca hubiera sospechado que este hombre escondiera tan furibundos sentimientos antisemitas.[1]

La experiencia de Buxbaum no era nada raro en la Alemania de la década de los veinte. Las teorías de conspiración antisemita abundaban en la Alemania de la posguerra permeando hasta los niveles más altos del gobierno. En 1919, Erich Ludendorff, uno de los altos mandos militares de Alemania, afirmó falsamente que los judíos eran uno de los muchos grupos responsables de la derrota de la nación. Como prueba de ello, citaba los *Protocolos de los sabios de Sion*, un documento que supuestamente contenía las actas de una reunión secreta de líderes judíos. En esa supuesta reunión,

---

[1] Henry Buxbaum, "Recollections", en *Jewish Life in Germany: Memoirs from Three Centuries*, ed. Monika Richarz, traducido al inglés por Stella P. Rosenfeld y Sidney Rosenfeld (Bloomington, Indiana: Indiana University Press, 1991), 303-04.

los "sabios" presuntamente planeaban apoderarse del mundo. En realidad, los *Protocolos de los sabios de Sion* son una falsificación; documento escrito por la policía secreta rusa, a principios del siglo XX, para incitar el odio hacia los judíos.

En la década de los veinte, los 500,000 judíos de Alemania representaban menos del 1 % de la población total cercana a los 61 millones. Sin embargo, al concentrarse en los judíos como "los enemigos", los antisemitas hicieron parecer como si los judíos estuvieran en todas partes y fueran responsables de todo lo malo que ocurría en la nación.

1. Anote el título y escriba un resumen (tres o cuatro oraciones) de esta lectura.

2. ¿Cuál es el papel de la oscuridad en el incidente que se describe en esta lectura? ¿Qué papel jugaba la presencia de un grupo de personas que compartían las mismas actitudes?

3. ¿Qué afirmaciones hacían los *Protocolos de los sabios de Sion* acerca de los judíos? ¿A qué se debía la popularidad de los *protocolos* en Alemania?

MATERIAL IMPRESO
HIPERINFLACIÓN Y LA GRAN DEPRESIÓN

Una mujer llevando un canasto de billetes para comprar repollo en el mercado durante la hiperinflación de 1923 en la Alemania de la República de Weimar.

Roger-Viollet/The Image Works

INDICACIONES: mientras lee, haga comentarios sobre el texto realizando los siguientes pasos:

1. Encierre en un círculo las palabras desconocidas.
2. Escriba un signo de interrogación (?) en el margen en las partes sobre las que tenga dudas.
3. Responda las preguntas que aparecen después del texto.

A comienzos del otoño de 1922, una inflación extrema o hiperinflación se apoderó de la economía alemana. Durante los periodos de inflación, los precios suben continuamente mientras que el valor de la moneda disminuye abruptamente.

Muchos países europeos experimentaron la inflación después de la guerra, pero en ningún lugar los precios aumentaron tan rápido como en Alemania. Había días en que el valor del marco (la unidad de la divisa alemana) caía casi a cada hora.

VALOR DE LA DIVISA ALEMANA

FECHA	MARCOS	DÓLARES ESTADOUNIDENSES
1918	4,2	1
1921	75	1
1922	400	1
Enero de 1923	7000	1
Julio de 1923	160.000	1
Agosto de 1923	1.000.000	1
1 de noviembre de 1923	1.300.000.000	1
15 de noviembre de 1923	1.300.000.000.000	1
16 de noviembre de 1923	4.200.000.000.000	1

Debido a la inflación, los alemanes que tenían ahorros en los bancos o que vivían de pensiones de vejez o invalidez se vieron prácticamente en la quiebra. Los trabajadores fueron descubriendo cada vez más que sin importar cuánto aumentaran sus salarios, ellos no podían mantener el ritmo del rápido incremento en los precios.

El artista George Grosz describió lo que era ir de compras por esos días:

> Entretenerse en la ventana [de la tienda] era un lujo porque las compras había que hacerlas de inmediato. Cada minuto que pasaba significaba un aumento en el precio.

> Había que comprar con rapidez porque un conejo, por ejemplo, podía costar dos millones más de marcos por el tiempo que se tardaba en entrar a la tienda. Algunos millones de marcos no valían nada, en realidad. Solo implicaban una carga adicional. Hacía mucho, los fajos de billetes necesarios para comprar el artículo más ínfimo se habían vuelto muy pesados para llevarlos en los bolsillos de los pantalones. Pesaban muchas libras… La gente tuvo que empezar a llevar el dinero en carretas y mochilas. Yo usaba una mochila.[1]

En octubre de 1929, comenzó una depresión a nivel mundial, la cual acentuó los problemas económicos que Alemania había enfrentado debido a la hiperinflación. Una depresión es una grave recesión económica que obliga a las empresas a reducir la producción y a despedir a los trabajadores. Alemania sintió los efectos de la depresión casi de inmediato. En 1932, seis millones de alemanes estaban desempleados en una nación de aproximadamente 60 millones de personas. Entre ellos, se encontraba Lea Langer Grundig, que era comunista, y su esposo, Hans. Al igual que otras personas que buscaban empleo, ellos hicieron largas filas en las agencias de empleo, día tras día:

> El desempleo se convirtió en la tragedia de muchos. No solo debido a la pobreza que todos los días se sentaba silenciosamente a la mesa. Sin trabajar, sin hacer nada, sin producir nada; el trabajo no solo proporcionaba el alimento, sino que, a pesar del hostigamiento y la monotonía, brindaba satisfacción, desarrollaba destrezas y estimulaba el pensamiento. El trabajo, una necesidad del ser humano, escaseaba y, cuando faltaba, aparecían el decaimiento, el malestar y el desespero…

> La nefasta pobreza, la desesperanza, las leyes que regían la crisis y que eran incomprensibles para muchos, todo eso hizo que la gente estuviera lista para un "milagro". Las sectas empezaron a brotar de la tierra; adivinos de estrellas o de granos de café, quiromantes, grafólogos, especuladores y timadores, clarividentes y milagreros la pasaron bien, recogieron buenas cosechas entre los pobres que, además de su pobreza y su desempleo, fueron víctimas de insensateces.[2]

---

[1] George Grosz, *A Little Yes and a Big No: The Autobiography of George Grosz*, traducido al inglés por L. S. Dorin (Nueva York: Dial, 1946), 63.

[2] Tomado de Lea Grundig, "Visions and History" en *The Nazi Germany Sourcebook: An Anthology of Texts*, ed. Roderick Stackelberg y Sally A. Winkle (Londres: Routledge, 2002), 97.

1. Anote el título y escriba un resumen (tres o cuatro oraciones) de esta lectura.

2. ¿De qué manera la inflación cambió la vida cotidiana en Alemania?

3. ¿Cómo puede una depresión cambiar las actitudes con respecto a "nosotros" y "ellos"? ¿Cómo puede afectar al universo de obligaciones de un país?

MATERIAL IMPRESO
MUJERES EN LA REPÚBLICA DE WEIMAR

Una multitud de mujeres haciendo fila en un centro de votación en la República de Weimar en 1919, año en el que se les permitió votar por primera vez.

ullstein bild/Contributor/Getty Images

INDICACIONES: mientras lee, haga comentarios sobre el texto realizando los siguientes pasos:

1. Encierre en un círculo las palabras desconocidas.
2. Escriba un signo de interrogación (?) en el margen en las partes sobre las que tenga dudas.
3. Responda las preguntas que aparecen después del texto.

A finales del siglo XIX, las mujeres a lo largo de Europa y Norteamérica les exigían a sus gobiernos que les concedieran el derecho al voto. Alemania no fue la excepción, allí, las mujeres empezaron a hacer manifestaciones por el sufragio femenino, incluso desde 1910. Lo lograron en 1919, cuando el Artículo 109 de la Constitución de Weimar estipuló que los hombres y las mujeres tienen los mismos derechos y deberes fundamentales como ciudadanos, incluido el derecho a votar y a ocupar cargos importantes.

> Artículo 109: todos los alemanes son iguales ante la ley. En principio, los hombres y las mujeres tienen los mismos derechos y obligaciones.

Durante los años de la República de Weimar, la mayoría del electorado fue femenino, en parte porque muchos hombres habían muerto en la guerra o estaban tan heridos física o psicológicamente que no era probable que votaran. En 1919, el primer año en que las mujeres pudieron votar en Alemania, tuvieron el 10 % de los escaños en el Reichstag, y estas cifras siguieron aumentando durante la siguiente década.

Durante y después de la guerra, la posición de las mujeres en la fuerza laboral también empezó a cambiar. Aunque la proporción de mujeres que tenían trabajo seguía siendo casi la misma que antes de la guerra, ellas empezaron a tener nuevos tipos de trabajos que anteriormente habían estado dominados por hombres. Por ejemplo, empezaron a desempeñar más trabajos que fueron visibles a lo largo y ancho de la sociedad, como conductoras de tranvía y empleadas de almacenes grandes, además de operarias, abogadas y médicas (en menor cantidad). Si bien estos cargos los volverían a ocupar hombres después de la guerra, las mujeres también se dedicaron a profesiones que muchos seguirían relacionando con oficios para mujeres durante los siguientes años, como enseñanza, trabajo social y trabajo de secretaría. En definitiva, más de 11 millones de mujeres fueron empleadas en Alemania en 1918, equivalente al 36 % de la fuerza laboral.[1]

---

[1] Detlev Peukert, *The Weimar Republic: The Crisis of Classical Modernity* (Nueva York: Hill y Wang, 1992), 96–97; Richard J. Evans, *The Coming of the Third Reich* (Nueva York: Penguin, 2003), 127.

1. Anote el título y escriba un resumen (tres o cuatro oraciones) de esta lectura.

2. ¿Por qué cree que las mujeres ganaron el derecho al voto en Alemania en 1919? ¿Qué relevancia tiene esa fecha?

3. ¿Cuáles fueron algunas de las razones por las que las mujeres estuvieron mejor representadas en el gobierno alemán después de la Primera Guerra Mundial en comparación con la representación que tenían antes de la guerra?

4. ¿Cómo podrían los cambios discutidos en esta lectura haber incidido en el universo de obligaciones de Alemania?

LECTURA
LA NEGOCIACIÓN DE LA PAZ

Los países aliados, entre ellos los Estados Unidos, Gran Bretaña, Francia, Italia y Japón, negociaron el tratado de paz en el Palacio de Versalles, en Francia, entre enero de 1919 y enero de 1920. El Tratado de Versalles definitivo contenía 440 artículos, y los alemanes no tuvieron otra opción que aceptarlo.

El Artículo 231 del tratado explicaba quién pagaría los enormes costos de la guerra y el daño causado en los países aliados devastados por la guerra:

> Artículo 231
>
> Los Gobiernos aliados y asociados declaran, y Alemania reconoce, la responsabilidad de Alemania y sus aliados por haber causado todos los daños y pérdidas a los cuales los Gobiernos aliados y asociados se han visto sometidos como consecuencia de la guerra impuesta a ellos por la agresión de Alemania y sus aliados.

Otros fragmentos del tratado estipulaban lo siguiente:

- Alemania limitaría el tamaño de su ejército a menos de 100,000 soldados.
- Alemania tendría nuevas fronteras en Europa y perdería el 13 % de su área.
- Alemania perdería todas las colonias y otros territorios fuera del país.

Los alemanes se enfurecieron más cuando los términos del Tratado de Versalles se hicieron públicos en mayo de 1919. Muchos alemanes sintieron que su nación había sido humillada por la pérdida adicional de territorio y poder militar impuestos por el tratado.

MATERIAL IMPRESO
EL CALDERO EN EBULLICIÓN

El artista George Grosz dijo que la República de Weimar era como un "caldero en ebullición". Escribió: "No se podía ver quién calentaba el caldero, solo se podía ver cómo este burbujeaba alegremente, y se podía sentir cuando el calor aumentaba".[1]

INDICACIONES: en esta actividad, hará uso de un organizador gráfico basado en la imagen de Grosz para evidenciar su conocimiento sobre la República de Weimar. Etiquete la imagen del caldero de la siguiente manera:

• **¿Quién o qué le echaba leña al fuego?** Escriba, por fuera del caldero, los nombres de personas, grupos, eventos y circunstancias que causaron tensión y conflicto en la sociedad alemana durante la República de Weimar (por ejemplo, los grupos paramilitares).

• **¿Cuál fue el combustible usado para prender el fuego?** Escriba, en cada leño debajo del caldero, palabras y frases que describan emociones, sentimientos y comportamientos humanos en la sociedad alemana durante la República de Weimar (por ejemplo, la violencia). Dibuje leños adicionales si los necesita.

• **¿Qué había en el caldero?** Escriba, dentro del caldero, los aspectos de la sociedad alemana que se vieron afectados por los comportamientos y sentimientos que etiquetó en los leños (por ejemplo, la libertad de expresión).

Por ejemplo, podría decir que los "grupos paramilitares" le echaron al fuego el leño de la "violencia", lo cual creó suficiente calor como para afectar el ingrediente de la "libertad de expresión" que había en el caldero.

Para etiquetar la imagen, puede usar palabras y frases de la lista que aparece a continuación. No tiene que usar todas las palabras de la lista. También puede añadir otras palabras y frases que considere necesarias.

Cuando termine, responda las preguntas que aparecen en la última página.

Rabia	Valores	Artistas	Derechos de las mujeres
Humillación	Odio	Maestros	Elecciones frecuentes
Alienación	Antisemitismo	Grupos paramilitares	Artículo 48
Ansiedad	Primera Guerra Mundial	Partidos políticos	Confianza en la democracia
Miedo	Tratado de Versalles	Votación	Universo de obligaciones de Alemania
Creatividad	Hiperinflación	Intimidación	
Violencia	Gran Depresión	Constitución de Weimar	
Incertidumbre	Desempleo	Derechos civiles	Confianza en los vecinos
Educación	Líderes	Libertad de expresión	

[1] George Grosz, *An Autobiography*, traducido al inglés por Nora Hodges (Berkeley: University of California Press, 1998), 149–50.

1. Para usted, ¿qué significa la metáfora de Grosz? ¿Qué da a entender sobre lo que se sentía vivir en Alemania en esa época? ¿Cuál podría ser el resultado de aumentar el "calor"?

2. ¿Cómo experimentó el proceso de etiquetado en el gráfico del caldero? ¿Qué desafíos encontró durante la actividad? A partir de esta actividad, ¿a qué conclusiones nuevas llegó con respecto a la República de Weimar?

MATERIAL IMPRESO
GUÍA DE VISUALIZACIÓN DE *"EL ASCENSO DE HITLER AL PODER, 1918–1933"*

INDICACIONES: mientras ve el documental *"El ascenso de Hitler al poder, 1918-1933"*, tome notas que le ayuden a responder las preguntas de este material impreso. Preste atención a los momentos en que las decisiones tomadas por las personas (distintas a Hitler) contribuyeron al eventual ascenso de Hitler y del Partido Nazi al poder. Ponga un asterisco junto a estas notas.

1. ¿Cómo incidieron los soldados alemanes que volvieron de la Primera Guerra Mundial en la forma en que se ejecutó la política alemana?

2. ¿Cómo el Partido Nacionalsocialista Obrero Alemán (el Partido Nazi) explicó ante el público el hecho de que Alemania hubiera perdido la Primera Guerra Mundial? ¿A quién(es) culpó de haber perdido?

3. Mientras estaba en prisión, en Múnich, por su intento fallido de dar un golpe de estado, Hitler escribió *Mein Kampf* (Mi lucha), un libro en el que comparte su idea de cómo controlar a todo un pueblo. ¿Cuál era su idea principal?

4. ¿Cuál fue el mensaje principal de campaña de los nazis a principios de la década de los treinta? ¿En qué se diferenciaba de lo que ahora sabemos que eran las dos metas principales de los nazis para Alemania?

Responda la siguiente pregunta después de ver el documental:

5. ¿Cuáles decisiones presentadas en este video, tomadas por las personas (distintas a Hitler), aumentaron la posibilidad de que Hitler y el Partido Nazi finalmente ascendieran al poder en Alemania?

LECTURA
EL PROGRAMA DEL PARTIDO NACIONALSOCIALISTA OBRERO ALEMÁN

La siguiente lista contiene algunas de las disposiciones que Hitler propuso en la primera gran reunión del Partido Nacionalsocialista Obrero Alemán en febrero de 1920.

- Exigimos la unión de todos los alemanes para constituir una Gran Alemania fundada en el derecho de autodeterminación nacional.

- Exigimos... la revocación del tratado de paz de Versalles...

- Exigimos espacio y territorio (colonias) que permitan alimentar a nuestro pueblo y establecer en ellas nuestro exceso de población.

- ... Nadie, fuera de aquellos por cuyas venas circule sangre alemana, sea cual fuere su credo religioso, podrá ser miembro de la nación. Por consiguiente, ningún judío podrá ser miembro de la nación.

- Quien no sea ciudadano, sólo residirá en Alemania como huésped y deberá atenerse a la legislación aplicable a los extranjeros.

- Solo los ciudadanos... gozarán del derecho... al voto. Exigimos, en consecuencia, que todas las funciones oficiales, sea cual sea su naturaleza, en servicio del Reich, de un estado o de una provincia, sean desempeñadas exclusivamente por ciudadanos.

- Exigimos que el Estado tenga como deber principal proporcionar sustento a sus ciudadanos. Si no es posible alimentar a toda la población, los extranjeros (no ciudadanos) deberán ser deportados...

- Hay que impedir toda inmigración de personas no alemanas. Exigimos que a todas las personas no alemanas que ingresaron a Alemania después del 2 de noviembre de 1914 se les exija salir de inmediato...

- ... Para facilitar la creación de una prensa nacional alemana, exigimos que:

    – Todos los editores y colaboradores de periódicos, cuando empleen la lengua alemana, deben ser miembros de la nación;

    – Los periódicos no alemanes deben tener, para ser publicados, la autorización expresa del Estado. No deben imprimirse en lengua alemana;

    – Se prohíba por ley la participación financiera o la influencia de personas no alemanas en los periódicos alemanes...

El Partido... está convencido de que nuestra nación no logrará la salud permanente sino dentro de sí misma y gracias a la aplicación del principio: el interés común antes que el propio...

LECTURA
HITLER EN EL PODER

En abril de 1932, Paul von Hindenburg, a la edad de 84 años, permaneció en la presidencia al derrotar a Hitler y a los otros contendientes. En la primavera de ese año, empezó su nuevo periodo presidencial nombrando a un nuevo canciller: Franz von Papen, amigo cercano y miembro del Partido de Centro. Papen dirigió el país por el resto del año. Cuando no pudo poner fin a la depresión, otro de los amigos de Hindenburg, el general Kurt von Schleicher, quien no pertenecía a ningún partido, relevó a Papen en diciembre. Él tampoco pudo lograr la recuperación y fue obligado a renunciar.

Hindenburg y sus asesores eran conservadores que representaban adinerados terratenientes, empresarios industriales y otras personas poderosas. Como la depresión persistía, su apoyo popular se fue reduciendo. Por tanto, en enero de 1933, decidieron hacer un trato con Hitler, quien tenía la popularidad que a ellos les faltaba, pero necesitaba el poder que ellos tenían. También acordaron algunos puntos, entre ellos, una oposición feroz al comunismo, hostilidad con la democracia y entusiasmo por el *Lebensraum* (espacio vital), terrenos adicionales para el *Volk* (pueblo) alemán.

Los asesores de Hindenburg creían que la responsabilidad de estar en el poder haría que Hitler moderara sus posturas; se convencieron de que eran lo suficientemente sabios y poderosos como para "controlar" a Hitler. Además, estaban seguros de que él tampoco podría poner fin a la depresión y, cuando fallara, ellos intervendrían para salvar a la nación. No obstante, Hitler los engañó a todos.

El 30 de enero de 1933, Hitler fue declarado canciller de Alemania. Como el Partido Nazi no controlaba la mayoría del Reichstag, se unió con el Partido Nacional del Pueblo Alemán para formar una coalición de gobierno, es decir, uno solo dirigido por múltiples partidos políticos, normalmente con programas diferentes pero con puntos en común. No obstante, Hitler aceptó el nombramiento como si hubiera sido proclamado emperador de Alemania e ignoró los deseos del otro partido. Él y sus copartidarios nazis hacían alarde de que pronto restablecerían la nación y la "raza aria" a su grandeza poniendo fin a la llamada "dominación racial judía" y eliminando la amenaza comunista. El resultado sería un "Tercer Reich" (*Reich* es la palabra alemana para referirse a "imperio"). Los nazis consideraban que el Sacro Imperio Romano (952–1806) era el "Primer Reich" y que el imperio establecido después de la unificación de los estados alemanes en 1871, era el "segundo". Hitler confiaba en que su Tercer Reich sería el más grande de todos y que duraría mil años.

MATERIAL IMPRESO

GUÍA DE VISUALIZACIÓN DE *"EL ASCENSO DE HITLER AL PODER, 1933–1934"*

Mientras ve el documental, tome notas para responder las dos primeras preguntas que aparecen a continuación.

1. ¿Por qué estaba Hitler vulnerable cuando fue nombrado canciller?

2. ¿Cómo se consolidó Hitler en el poder en 1933 y 1934? Escriba la mayor cantidad de detalles posible del documental.

Después de ver el documental, reflexione sobre las siguientes dos preguntas:

3. Desde su punto de vista, ¿cuál o cuáles eventos descritos en este video fueron los más importantes en la transformación de Alemania de democracia a dictadura?

4. ¿Cuáles decisiones tomadas por grupos o personas parecieron tener las máximas consecuencias?

MATERIAL IMPRESO

ANÁLISIS DE LA LECTURA "DE LA DEMOCRACIA A LA DICTADURA"

INDICACIONES: lea y discuta la lectura asignada a su grupo y luego responda las siguientes preguntas.

1. Escriba el título de su lectura y un haga un resumen (dos o tres oraciones):

Título: _____

2. Escriba los nombres y la(s) fecha(s) de eventos importantes discutidos en esta lectura. Cada lectura tiene una cantidad diferente de eventos, por lo tanto, es posible que no complete toda la tabla.

FECHA	EVENTO

3. Explique cómo cada uno de los eventos mencionados anteriormente contribuyeron al desmantelamiento de la democracia y al establecimiento de la dictadura en Alemania.

4. ¿Qué sugiere esta lectura sobre los valores, las instituciones y los grupos que deben ser protegidos y fortalecidos con el fin de posibilitar la democracia?

LECTURA
MOLDEANDO LA OPINIÓN PÚBLICA

Mientras los nazis eliminaban las libertades civiles en Alemania y abrían los primeros campos de concentración para recluir a los "enemigos del estado", también estaban tratando de obtener la aprobación pública para su gobierno. Según el historiador Robert Gellately:

> Hitler y sus seguidores no querían acobardar al pueblo alemán para que se sometiera, al contrario, querían convencerlos de que se pusieran de su lado recurriendo a imágenes populares, ideales preciados y fobias muy arraigadas en el país... [Los nazis] aspiraban a crear y mantener el nivel más amplio posible de respaldo popular. Invirtieron una cantidad enorme de energía y recursos para hacerle seguimiento a la opinión pública y convencer a la gente.[1]

El Ministerio del Reich para la Ilustración Pública y Propaganda desempeñó un papel clave en los esfuerzos nazis para cultivar una opinión pública favorable. La propaganda es información sesgada y engañosa usada para influir en la opinión pública. El 13 de marzo de 1933, Hitler creó el nuevo ministerio y puso a Joseph Goebbels a cargo. Su función era "no solo presentar el régimen y sus políticas de una manera positiva, sino dar la impresión de que todo el pueblo alemán respaldaba con entusiasmo todo lo que este hacía".[2]

Para generar emoción y entusiasmo por el Partido Nazi y por Hitler mismo, Goebbels y su ministerio crearon nuevos festivales y festividades, como la celebración del cumpleaños de Hitler; cambiaron nombres de calles y otras señales públicas para borrar recuerdos de la República de Weimar; organizaron actos electorales y desfiles histriónicos iluminados con antorchas del partido con el fin de mostrar el apoyo público.

En 1939, el periodista Sebastian Haffner describió estas manifestaciones y recordó el efecto que tuvieron en muchos alemanes:

> [U]no estaba permanentemente ocupado y distraído por una interminable secuencia de celebraciones, ceremonias y festividades nacionales. El 4 de marzo, empezó con una enorme celebración de la victoria antes de las elecciones... Había desfiles masivos, fuegos artificiales, tambores, bandas y banderas en toda Alemania, la voz de Hitler transmitiendo a través de miles de parlantes, había juramentos y promesas; todo esto antes de que incluso fuera seguro que las elecciones no serían un revés para los nazis, que, en efecto, así fue. Estas elecciones, las últimas que se realizaron en la Alemania antes de la guerra, le aportaron a los nazis solo el 44 % de los votos (en las elecciones anteriores habían alcanzado el 37 %). La mayoría aún estaba contra los nazis.
>
> Una semana después, Hindenburg abolió la bandera nacional de la República de Weimar, que fue reemplazada por el estandarte de la esvástica y una "bandera nacional provisional" negra, blanca y roja. Había desfiles diarios, reuniones masivas, declaraciones de gratitud por la liberación de la nación, música militar del amanecer al anochecer, ceremonias de condecoración para héroes, la consagración de banderas... Hitler jurando lealtad a algo o a otros por enésima vez, campanas repicando, una procesión solemne a la iglesia por parte de los miembros del Reichstag, un desfile militar, saludos bajando la hoja de la espada, niños agitando banderas y un desfile iluminado con antorchas.

El vacío colosal y la falta de significado de estos interminables eventos de ninguna manera fue sin intención. La población debía acostumbrarse a las aclamaciones y al júbilo, aun cuando no hubiera motivos evidentes para ello... Es mejor celebrar, aullar con los lobos: "¡*Heil*! ¡*Heil*!". Además, las personas empezaron a disfrutar este tipo de cosas. El clima en marzo de 1933 fue glorioso. ¿No era maravilloso celebrar el sol primaveral en plazas adornadas con banderas? ¿Fusionarse con las festivas multitudes y escuchar discursos patrióticos grandilocuentes acerca de la libertad y la patria, la exaltación y las promesas sagradas?[3]

Goebbels y su ministerio también pretendieron coordinar toda forma de expresión en Alemania: desde música hasta programas de radio, libros de texto, obras artísticas, periódicos e incluso, sermones, creando el lenguaje y las imágenes cuidadosamente para alabar las políticas nazis y a Hitler mismo, y para demonizar a aquellos que los nazis consideraban enemigos. Mientras el trabajo del ministerio incluía censurar gran parte del arte y los medios alemanes, los nazis también crearon un ambiente en el cual muchos artistas, editores de periódicos y cineastas se censuraron a sí mismos con el fin de obtener los favores del régimen, evitar castigos o escapar de la vigilancia de los nazis por completo.[4]

---

[1] Robert Gellately, *Backing Hitler: Consent and Coercion in Nazi Germany* (Oxford: Oxford University Press, 2001), vii.

[2] Richard J. Evans, *El Tercer Reich en el poder* (Nueva York: Penguin, 2005), 121.

[3] Sebastian Haffner, "Street-Level Coercion", en *How Was It Possible? A Holocaust Reader*, ed. Peter Hayes (Lincoln, Nebraska: University of Nebraska Press, 2015), 122, fragmento de *Defying Hitler: A Memoir*, traducido al inglés por Oliver Pretzel (Nueva York: Farrar, Straus y Giroux, 2002), 128–29.

[4] De Doris Bergen para Facing History and Ourselves, comentarios sobre el borrador del manuscrito, 23 de diciembre de 2015.

LECTURA
ENFOCÁNDOSE EN LOS JUDÍOS

Desde el principio, Adolf Hitler y sus copartidarios nazis estaban decididos a resolver la llamada "cuestión judía". En palabras de Hitler, los líderes nazis debían traerla a colación "una y otra vez, incesantemente. Cada aversión emocional, aunque fuera mínima, debía ser explotada sin compasión". Julius Streicher, el editor de un periódico antisemita conocido como *Der Stürmer* (que significa "atacante"), marcó el camino al crear esa clase de propaganda, argumentando:

> Los mismos judíos que metieron de lleno al pueblo alemán en la carnicería de la Guerra Mundial, y quienes perpetraron durante la misma la Revolución de Noviembre [República de Weimar], ahora están dedicados a apuñalar a Alemania, que se recupera de su vergüenza y miseria... De nuevo, el pueblo judío está dedicado a envenenar la opinión pública.[1]

La propaganda no fue la única arma que usaron los nazis contra los judíos; también contaban con el terror. El 9 de marzo de 1933, pocos días después de las elecciones, las tropas de asalto de las SA nazis en Berlín encarcelaron docenas de judíos inmigrantes de Europa Oriental. En Breslavia, atacaron a los abogados y jueces judíos. El 13 de marzo, en Mannheim, obligaron a los comerciantes judíos a cerrar sus negocios. En otros pueblos, irrumpieron en los hogares judíos y golpearon a las personas que vivían allí.

Aunque estos eventos rara vez se denunciaban en la prensa alemana, la prensa extranjera escribía al respecto con frecuencia. En los Estados Unidos, muchos judíos y no judíos se sentían indignados por la violencia. Algunos hacían llamados para boicotear los bienes alemanes. Su arrebato les dio la excusa a los nazis para emprender una "acción defensiva contra el delincuente mundial judío" el 1.º de abril de 1933.

Dicha medida, el boicot a los negocios de judíos, fue el primer evento público grave que se enfocaba solo en los judíos, no por ser comunistas ni socialdemócratas sino por ser judíos. No fue un éxito rotundo. En algunos lugares, los alemanes evidenciaron su desaprobación del boicot insistiendo en comprar en negocios de judíos el 1.º de abril.

Incluso en lugares donde el boicot se dio como estaba planeado, los nazis rápidamente descubrieron que no siempre era fácil decidir si un negocio era propiedad de judíos. No había una definición jurídica para saber quién era judío y quién no. Además, muchos judíos tenían socios que no eran judíos y, casi todos, tenían empleados que no eran judíos. ¿Esos negocios también fueron cerrados? Por ejemplo, Tietz, una cadena de almacenes en Berlín de propietarios judíos, tenía más de 14,000 empleados, casi ninguno era judío. En una época en la que el desempleo era alto y la economía frágil, ¿los nazis realmente querían dejar a esos empleados sin un trabajo? Finalmente, los nazis le permitieron a Tietz permanecer abierto, por lo menos por un tiempo. Unos años más tarde, obligaron a los propietarios a entregar sus almacenes a comerciantes "arios".

No obstante, el boicot tuvo éxito en una de sus metas: aterrorizó a los judíos de toda Alemania. Edwin Landau describió cómo se vivía esta situación en su pueblo, en el oeste de Prusia. El viernes anterior al boicot, recuerda: "uno veía a las SA [tropas de asalto] marchando por la ciudad con sus estandartes: 'Los judíos son nuestra desgracia'. 'Contra la propaganda de atrocidades judías en el extranjero'". Además, escribió sobre el día del boicot:

Cogí mis condecoraciones de guerra, me las puse, salí a la calle y visité negocios de judíos, donde, inicialmente, me detuvieron. Pero, por dentro, estaba furioso y, sobre todo, me hubiera gustado gritar mi odio en las caras de los bárbaros. Odio, odio, ¿cuándo se había vuelto una parte de mí? Hacía apenas unas horas se había producido un cambio dentro de mí. Esta tierra y esta gente que, hasta este momento había querido y apreciado, de pronto, se había convertido en mi enemiga. Entonces, ya no era un alemán, o ya no se suponía que fuera uno. Eso, por supuesto, no puede resolverse en unas pocas horas. Sin embargo, hubo algo que sentí de inmediato: me sentí avergonzado de haber pertenecido a este pueblo alguna vez; me sentí avergonzado por la confianza que alguna vez les había dado a tantos que ahora se habían declarado en mi contra. De repente, la calle también me parecía extraña; de hecho, todo el pueblo se había vuelto ajeno para mí. No existen palabras para describir las sensaciones que experimenté durante esas horas. Al llegar a casa, me acerqué a un guardia a quien conocía y quien me conocía, y le dije: "Cuando usted aún estaba en pañales, yo ya estaba luchando allá afuera por nuestro país". Respondió: "No debería reprocharme por ser joven, señor... Me ordenaron pararme aquí". Miré ese rostro joven y pensé: tiene razón. ¡Pobre y equivocada juventud![2]

---

[1] Citado por Nora Levin en *The Holocaust: The Destruction of European Jewry 1933-1945* (Nueva York: Schocken, 1973), 46.

[2] Edwin Landau, "My Life before and after Hitler", en *Jewish Life in Germany: Memoirs from Three Centuries*, ed. Monika Richarz, traducido al inglés por Stella P. Rosenfeld y Sidney Rosenfeld (Bloomington, Indiana: Indiana University Press, 1991), 310-12.

LECTURA
"RESTITUCIÓN" DEL SERVICIO CIVIL ALEMÁN

El 7 de abril de 1933 entró en vigor una nueva ley, conocida como la Ley para la Restitución del Servicio Civil Profesional. El *servicio civil* se refiere a los profesionales que trabajan en distintas entidades de un gobierno, incluidas las entidades de educación pública, los organismos de seguridad, entre otras. La ley exigía que todos los judíos y opositores políticos de los nazis que estuvieran empleados por el gobierno en Alemania fueran despedidos. A los únicos judíos que se les permitía mantener sus cargos era a los veteranos, a sus padres y a sus hijos. Con leyes semejantes despidieron a todos los fiscales judíos y médicos judíos que trabajaban en el sistema nacional de salud.

El 4 de abril, cuando se escucharon rumores de la nueva ley, el presidente Paul von Hindenburg le escribió una carta a Hitler:

> Distinguido Sr. Canciller:
>
> Recientemente, han denunciado ante mí una sucesión de casos en los cuales jueces, abogados y funcionarios de la rama judicial, quienes son veteranos de guerra discapacitados y cuyo expediente es intachable, han sido obligados a solicitar la excedencia para luego ser destituidos por la sola razón de tener ascendencia judía.
>
> Para mí, es intolerable... que los funcionarios judíos que quedaron en condición de discapacidad después de la guerra deban sufrir un trato como ese, [especialmente] cuando, con la autorización expresa del gobierno, dirigí una proclamación ante el pueblo alemán el día de la revuelta, el 21 de marzo, en la cual hice una reverencia por los muertos en la guerra y recordé con gratitud a las familias afligidas de los muertos y discapacitados por la guerra y a mis antiguos camaradas en el frente.
>
> Estoy seguro, Sr. Canciller, de que usted comparte este sentimiento humano y, le solicito, de la manera más cordial e inmediata, que investigue usted mismo este asunto, y se asegure de que haya algunas disposiciones uniformes en todas las ramas del servicio público en Alemania.
>
> En mi opinión, los funcionarios, jueces, maestros y abogados que son discapacitados por la guerra y lucharon en el frente, son hijos de muertos en la guerra, o han perdido hijos en la guerra, deben permanecer en sus cargos salvo casos particulares que merezcan un trato diferente. Si fueron dignos de luchar por Alemania y derramar su sangre por Alemania, entonces, también deberían ser considerados dignos de seguirle sirviendo a la patria...

El 5 de abril, Hitler le respondió a Hindenburg:

> Distinguido Sr. Presidente:
>
> De la manera más generosa y humana, usted, Mariscal de Campo, defiende la causa de aquellos miembros del pueblo judío que en algún momento fueron obligados, por los requisitos del servicio militar universal, a prestar servicio en la guerra…
>
> Pero, con el mayor respeto, me permito señalar que miembros y simpatizantes de mi movimiento, que son alemanes, durante años fueron desterrados de todos los cargos gubernamentales, sin consideración por sus esposas, sus hijos o su servicio en la guerra… Aquellos responsables de esta crueldad fueron los mismos partidos judíos que hoy se quejan cuando sus simpatizantes les han negado el derecho a cargos oficiales, con mil veces más justificación, porque son poco útiles en estos cargos pero pueden causar daños ilimitados…
>
> No obstante,… la ley en cuestión… tendrá consideración con aquellos judíos que sirvieron en la guerra personalmente, quienes quedaron discapacitados por la guerra, quienes tienen otros méritos, o de quienes nunca se tuvo queja en el curso de un periodo largo de servicio.
>
> En general, el primer objetivo de este proceso de limpieza es solo restituir un cierto equilibrio sensato y natural, y el segundo objetivo es relevar de cargos oficiales de importancia nacional a aquellos elementos a quienes no podemos encomendarles la supervivencia de Alemania…
>
> Le ruego, Sr. Presidente, que confíe en que trataré de hacerle justicia a sus nobles sentimientos hasta donde esté a mi alcance. Comprendo sus motivaciones íntimas y yo mismo, por cierto, con frecuencia sufro por la dureza de un destino que nos obliga a tomar decisiones que, desde un punto de vista humano, uno mil veces preferiría evitar.
>
> El trabajo en la ley en cuestión procederá lo más rápido posible y, estoy convencido de que este asunto, también, tendrá la mejor solución posible.[1]

---

[1] Yitzhak Arad, Yisrael Gutman y Abraham Margaliot, eds., *El Holocausto en documentos: selección de documentos sobre la destrucción de los judíos de Alemania y Austria, Polonia, y la Unión Soviética* (Jerusalén: Yad Vashem, 1987), 37–39.

LECTURA
DONDE QUEMAN LIBROS

El 6 de mayo de 1933, la Asociación Alemana de Estudiantes anunció una "Acción contra el espíritu antialemán" en toda la nación. En una reunión, Joseph Goebbels le dijo a una animada multitud: "¡El alma del pueblo alemán puede expresarse de nuevo. ¡Esas llamas no solo iluminan el fin definitivo de una vieja era, también alumbran la nueva era!"[1]. Lilian T. Mowrer, periodista estadounidense en Alemania, describió lo que pasó a continuación:

> Contuve la respiración mientras él arrojaba el primer volumen a las llamas: era como quemar algo vivo. Los estudiantes lo siguieron con brazadas de libros, mientras los colegiales gritaban por micrófono su repulsión por este o ese autor y, a medida que se mencionaba cada nombre, la multitud abucheaba y silbaba. Se sentía el veneno de Goebbels en las acusaciones. ¡Niños de catorce años gesticulando insultos de Heine! *Sin novedad en el frente* de Erich Remarque recibió la máxima condena... que se haría alguna vez por una descripción tan antiheroica de la guerra para amilanar a los soldados del Tercer Reich.[2]

Las turbas también quemaron los libros de Helen Keller, autora estadounidense que también era socialista, pacifista y la primera persona sorda y ciega en graduarse de la universidad. Keller respondió: "La historia no les ha enseñado nada si piensan que pueden eliminar ideas... Pueden quemar mis libros y los libros de las mejores mentes en Europa, pero las ideas que hay en ellos se han filtrado por millones de canales y seguirán estimulando otras mentes".[3]

---

[1] William L. Shirer, *Auge y caída del Tercer Reich: una historia de la Alemania nazi* (Nueva York: Simon & Schuster, 1990), 241.

[2] Citado en *Witness to the Holocaust*, ed. Azriel Eisenberg (Cleveland, Ohio: Pilgrim Press, 1981), 79.

[3] Citado en Rebecca Onion, "'God Sleepeth Not': Helen Keller's Blistering Letter to Book-Burning German Students", *The Vault* (blog), Slate.com, 16 de mayo de 2013, http://www.slate.com/blogs/the_vault/2013/05/16/helen_keller_her_scathing_letter_to_german_students_planning_to_burn_her.html.

LECTURA
AISLANDO A LOS HOMOSEXUALES

Después de tomar el control de Alemania, los nazis incrementaron sus ataques contra los hombres homosexuales. Muchos alemanes aplaudieron el movimiento. La homofobia no era rara en la sociedad alemana; los homosexuales hace mucho son objeto de intolerancia y discriminación. En 1871, Alemania había promulgado una disposición en el código penal, conocida como Artículo 175, que convertía los actos homosexuales en un crimen; (en ese momento eran varias naciones las que tenían leyes semejantes). Esa ley aún estaba en los libros, y muchos hombres homosexuales fueron hostigados o arrestados por la policía en los años de la República de Weimar. Sin embargo, en Berlín y en otras ciudades alemanas grandes, la tolerancia a la homosexualidad se incrementó en las décadas de los veinte y los treinta, y la cultura homosexual floreció. Muchos pudieron vivir sus vidas abiertamente sin ocultar su orientación sexual. El Reichstag incluso estaba considerando abolir el Artículo 175 antes de que los nazis llegaran al poder.[1]

Los nazis creían que los hombres homosexuales eran "defectuosos" y un obstáculo para la meta de crear una raza "aria" dominante. No encarnaban, según los nazis, la masculinidad del hombre alemán ideal. Los nazis también temían que si los homosexuales ocupaban cargos de liderazgo en el Partido Nazi o en el gobierno, serían vulnerables a la manipulación o chantaje por parte de cualquiera que amenazara con exponer su orientación sexual. Los nazis no estaban tan preocupados por las lesbianas, quienes, por ser mujeres, supusieron que serían pasivas y podrían ser obligadas a tener hijos.[2]

Cuando Hitler tomó el poder en 1933, se incrementó el cumplimiento del Artículo 175. Un hombre que vivía en Hamburgo recordó:

> Con un golpe, empezó una ola de arrestos de homosexuales en nuestro pueblo. Uno de los primeros en ser arrestado fue mi amigo, con quien había tenido una relación desde que tenía 23 años. Un día la gente de la Gestapo vino a mi casa y se lo llevó. No tenía sentido preguntar dónde podría estar. Si alguien preguntaba, corría el riesgo de ser igualmente detenido, debido a que lo conocía y, por lo tanto, sería sospechoso. Después de su arresto, su casa fue registrada por agentes de la Gestapo; confiscaron libros, notas y libretas de direcciones, hicieron preguntas a sus vecinos... Las libretas de direcciones fueron lo peor; todos los que figuraban allí, o tenían algo que ver con él fueron arrestados y citados por la Gestapo. Incluyéndome. Durante un año completo fui citado por la Gestapo e interrogado por lo menos cada quince días o tres semanas... Después de cuatro semanas liberaron a mi amigo de la custodia por investigación. [Los nazis] tampoco pudieron comprobar nada contra él. Sin embargo, los efectos de su arresto fueron aterradores; le raparon la cabeza, estaba totalmente confundido, no volvió a ser la persona de antes... Teníamos que ser muy cuidadosos con todos los contactos. Tuve que romper relaciones con mi amigo; nos ignorábamos en la calle, porque no podíamos arriesgarnos... Vivíamos como animales en un parque de caza, siempre presintiendo a los cazadores.[3]

---

[1] Geoffrey J. Giles, "Why Bother About Homosexuals? Homophobia and Sexual Politics in Nazi Germany", conferencia, Centro de estudios avanzados del Holocausto del Museo Estadounidense Conmemorativo del Holocausto, Washington D.C., 30 de mayo de 2001, consultado el 18 de marzo de 2016, https://www.ushmm.org/m/pdfs/20050726-giles.pdf.

[2] Doris L. Bergen, *War and Genocide: A Concise History of the Holocaust* (Lanham, Maryland: Rowman & Littlefield, 2003), 57.

[3] Citado en Michael Burleigh y Wolfgang Wippermann, *The Racial State: Germany 1933–1945* (Cambridge, Reino Unido: Cambridge University Press, 1991), 194.

LECTURA
JURANDO LEALTAD

Cuando el presidente alemán Paul von Hindenburg murió, el 2 de agosto de 1934, Hitler unió los cargos de canciller y presidente. Ahora era el *Führer* y el canciller del Reich, la cabeza del estado y el jefe de las fuerzas armadas. En el pasado, los soldados alemanes habían prestado este juramento:

> Juro lealtad a la Constitución y prometo que en todo momento protegeré la nación alemana y a sus instituciones legales como un valiente soldado y obedeceré al presidente y a mis superiores.

Luego Hitler creó un nuevo juramento:

> Juro por Dios este sagrado juramento, que yo debo obediencia incondicional al *Führer* del Imperio y del pueblo alemán, Adolf Hitler, comandante supremo de las Fuerzas Armadas, y que como un valiente soldado, estaré preparado en todo momento para defender este juramento con mi vida.

En su libro *Auge y caída del Tercer Reich*, William Shirer, periodista estadounidense, escribe que el nuevo juramento "permitía que un número aún mayor de oficiales se excusaran ante cualquier responsabilidad personal por los crímenes atroces que cometieron bajo las órdenes del comandante supremo cuya verdadera naturaleza habían presenciado por sí mismos… A partir de este punto, surgió una de las aberraciones más espantosas por parte de los cuerpos oficiales alemanes como consecuencia de este conflicto de 'honor', palabra que… con frecuencia pronunciaban sus labios… Después y con frecuencia, el hacer honor a su juramento era una afrenta hacia ellos mismos como seres humanos y enterró en el barro el código moral de sus cuerpos de las fuerzas armadas".[1]

---

[1] William Shirer, *Auge y caída del Tercer Reich* (Nueva York: Simon & Schuster, 1960), 227.

LECTURA
¿PRESTA USTED JURAMENTO?

Los soldados no eran los únicos obligados a prestar el nuevo juramento de lealtad a Hitler. Un alemán recordó el día en que le pidieron jurar lealtad al régimen:

> Trabajaba en una planta de defensa (evidentemente, una planta de guerra, pero siempre fueron llamadas plantas de defensa). Ese fue el año de la Ley de Defensa Nacional, la ley de "reclutamiento total". Conforme a la ley, me exigían que prestara el juramento de lealtad. Dije que no lo haría; me opuse sin ningún remordimiento. Me dieron veinticuatro horas para "reconsiderarlo". En esas veinticuatro horas se me vino el mundo encima...
>
> Es decir, rehusarme hubiera significado la pérdida de mi trabajo, por supuesto, no ir a prisión o algo parecido. (Más adelante, la sanción fue peor, y eso que hasta ahora era 1935). Pero, perder mi trabajo hubiera significado que no podría conseguir otro. Adonde quiera que fuera me hubieran preguntado por qué perdí el trabajo que tenía y, cuando dijera el motivo, con seguridad me hubieran negado el empleo. Nadie hubiera contratado a un "bolchevique". Evidentemente, yo no era un bolchevique, pero comprenderán lo que quiero decir.
>
> Traté de no pensar en mí ni en mi familia. Podríamos haber salido del país si fuera el caso, y yo podría haber conseguido un trabajo en el campo de la industria o la educación en algún otro lugar.
>
> En lo que trataba de pensar era en las personas a las que podría ayudar más adelante, si las cosas empeoraban (considerando que yo creía que eso pasaría). Tenía bastantes amistades en círculos científicos y académicos, incluidos muchos judíos, y también "arios", que podrían estar en problemas. Si prestaba el juramento y conservaba mi trabajo, de alguna manera, podría ser de ayuda conforme iban saliendo las cosas. Si me rehusaba a prestar el juramento, con seguridad no podría ayudar a mis amigos, ni siquiera si permanecía en el país. Yo mismo estaría en su situación.
>
> Al día siguiente, después de "reconsiderarlo", dije que prestaría el juramento con la reserva mental, de que, por las palabras con las que este empezaba, "*Ich schwöre bei Gott*" ("Juro por Dios"), entendía que ningún ser humano ni gobierno tenía el derecho de invalidar mi conciencia. Mis reservas mentales no le interesaban al oficial que me tomó el juramento. Preguntó: "¿Presta usted juramento?", y eso hice. Ese día se me vino el mundo encima, y yo lo provoqué.
>
> En primer lugar, está el problema del menor de los males. Prestar juramento no fue tan malo como el no poder ayudar a mis amigos más adelante. Pero el mal de prestar juramento era incuestionable e inmediato, y ayudar a mis amigos estaba en el futuro y, por lo tanto, era incierto. Tenía que cometer un mal positivo en ese momento y lugar, con la esperanza de un posible bien más adelante. El bien pesaba más que el mal, pero el bien era solo una esperanza y el mal era un hecho... La esperanza podría no llegar a cumplirse, por razones ajenas a mi control o porque me asustara más adelante o, incluso, porque estuviera asustado todo el tiempo y simplemente me estuviera engañando a mí mismo cuando presté juramento en primer lugar...

Allí estaba yo en 1935, un ejemplo perfecto de la clase de persona que, por todas sus ventajas de nacimiento, educación y empleo, gobierna (o podría gobernar) en cualquier país… Mi educación no me ayudó, y tenía una educación mejor y más amplia que la mayoría tenía o, incluso, tendría. Lo único que hice, finalmente, fue permitirme racionalizar mi falta de fe de manera mucho más fácil de lo que podría haber hecho si hubiera sido ignorante. Y allí estaba yo, creo, entre los hombres cultos en general, en ese momento en Alemania. Su resistencia no fue mayor a la de los otros hombres.[1]

---

[1] Tomado de Milton Mayer, *They Thought They Were Free: The Germans 1933–45* (Chicago: University of Chicago Press, 1955), 177–81. Reproducido con autorización de University of Chicago Press.

LECTURA
REHUSÁNDOSE A JURAR LEALTAD

El padre de Joachim Fest, católico devoto y rector de una escuela primaria, se rehusó a mostrar lealtad a los nazis, incluso después de la nueva ley para "restituir" el servicio civil. Siguió activo en el Partido de Centro católico y en la Reichsbanner (un grupo a favor de la democracia). Fest describe las consecuencias que su padre, servidor público debido a que trabajaba en una escuela, enfrentó por rehusarse a mostrar lealtad:

> El 20 de abril de 1933, mi padre fue citado en el ayuntamiento de Lichtenberg... e informado por Volz, el comisario estatal encargado de ejercer como alcalde del distrito, que estaba suspendido del servicio público, con efecto inmediato. Cuando mi padre preguntó de qué lo acusaban, el funcionario respondió al estilo militar: "¡Se le informará a su debido tiempo!". Pero mi padre objetó que era un servidor público, ante lo cual Volz replicó: "Eso puede decírselo a nuestro *Führer*. Él estará bastante impresionado"...

> Cuando se dirigía a la salida, de repente el edificio que conocía tan bien parecía extraño. Tuvo la misma sensación con el personal, algunos a quienes conocía hacía años; de repente, uno tras otro, evitaban mirarlo a los ojos. En su escuela, a la cual se dirigió de inmediato, fue igual, incluso en su oficina, todo, desde los muebles hasta el material de oficina parecía haber sido reemplazado. La primera persona con la que se encontró fue con su colega Markwitz, quien claramente ya había sido informado al respecto. "¡Fest, viejo!" dijo, después de que mi padre ofreciera algunas palabras para explicar. "¿Tenía que ser así?". Y cuando mi padre respondió: "¡Sí, tenía que ser así!", Markwitz objetó: "No, ¡no me diga eso! Es algo que aprendí muy pronto: ¡no hay ninguna "obligación" cuando se trata de estupidez!".

> El 22 de abril... citaron a mi padre nuevamente. Estando sentado y sin ofrecerle a mi padre una silla, el alcalde provisional, leyó un texto elaborado previamente, notificándole de manera oficial que sería relevado de sus funciones como rector de la Vigésima Escuela Primaria y estaba suspendido hasta nuevo aviso. La justificación de la suspensión era su alto cargo en el Partido [de Centro católico] y en la Reichsbanner [un grupo a favor de la democracia fundado durante los años de la República de Weimar], así como sus "discursos públicos denigrando al *Führer* y a otros Nacionalsocialistas de alto rango"... En esas circunstancias, ya no había ninguna garantía de que él "apoyara en todo momento y sin reservas al estado nacional", como mandaba la ley... Mientras decía estas cortantes palabras, siguió pasando las hojas del expediente de mi padre y una de las hojas cayó al suelo; claramente sin intención, pensó mi padre. Volz claramente esperaba que mi padre la recogiera. Sin embargo, mi padre permaneció en su sitio, como más adelante informó; en ningún momento consideró arrodillarse frente al alcalde.

Volz continuó en un tono más cortante. Además de ser suspendido sumariamente, se le exigió que, en un plazo de dos días, le entregara de manera oficial el cargo de la escuela a su sucesor, Markwitz. Se le informarían los detalles por escrito. Con un gesto que en parte era un despido, en parte ahuyentándolo hacia la puerta, el alcalde provisional añadió que, por el momento, a mi padre no se le permitiría ocupar ningún empleo. Todo procedía de acuerdo con el plan, dijo mi padre, cuando vino a conversar sobre lo ocurrido.[1]

Ricarda Huch, poeta y escritora de 70 años, también se rehusó a jurarle lealtad a Hitler. Renunció a la prestigiosa Academia de las Artes de Prusia con esta carta:

> Heidelberg, 9 de abril de 1933
>
> Estimado Presidente von Schillings:
>
> Permítame, en primer lugar, agradecerle el caluroso interés que ha mostrado para que permanezca en la Academia. Le ruego que comprenda por qué no puedo cumplir su deseo. Que los sentimientos de un alemán son alemanes, creería que es simplemente obvio, pero la definición de lo que es ser alemán, y lo que significa actuar como alemán, es en lo que nuestras opiniones difieren. Lo que el gobierno actual prescribe mediante convicciones patrióticas no es mi forma de ser una alemana. La centralización, el uso de la coacción, los métodos brutales, la difamación de aquellos que tienen convicciones distintas y el presuntuoso autoelogio son asuntos que considero desastrosos y no propios de los alemanes. Considerando la discrepancia entre mi opinión y la ordenada por el estado, no veo posible permanecer en una Academia que hace parte del mismo. Usted dice que la declaración que me envía la Academia no me impediría la libre expresión de mis opiniones, pero "la colaboración leal, en el espíritu de la situación histórica distinta, en asuntos que afectan las tareas culturales y nacionales que caen dentro de la jurisdicción de la Academia" exige estar de acuerdo con el programa de gobierno que, en mi caso, no se cumple. Además, no encontraría un periódico o revista que imprimiera una opinión opuesta. Por tanto, el derecho a la libre expresión de la opinión permanecería en el terreno teórico…
>
> Por la presente renuncio a la Academia.
>
> S. Ricarda Huch[2]

---

[1] Joachim Fest, *Not I: Memoirs of a German Childhood*, traducido al inglés por Martin Chalmers (Nueva York: Other Press, 2006), 46–48. Reimpreso con autorización de Other Press, LLC., y Atlantic Books, Reino Unido.

[2] Ricarda Huch, "'Not My Kind of Germanism': A Resignation from the Academy", en *The Nazi Years: A Documentary History*, ed. Joachim Remak (Prospect Heights, Illinois: Waveland Press, 1969), 162.

MATERIAL IMPRESO

PRIMER REGLAMENTO DE LA LEY DE CIUDADANÍA DEL REICH

NOTA: esta ley, aprobada el 14 de noviembre de 1935, enmendaba la Ley de Ciudadanía del Reich original, aprobada el 15 de septiembre de 1935.

Artículo 3

Solo el ciudadano del Reich, como titular de todos los derechos políticos, ejerce el derecho al voto en asuntos políticos o puede ocupar un cargo público...

Artículo 4

1. Un judío no puede ser un ciudadano del Reich. No tiene derecho a votar en asuntos políticos ni ocupar cargos públicos.

2. Los funcionarios judíos [del gobierno] serán dados de baja antes del 31 de diciembre de 1935...

Artículo 5

1. Un judío es cualquier persona con ascendencia de por lo menos tres abuelos que son completamente judíos...

2. Un judío también es alguien con ascendencia de dos padres completamente judíos, si (a) pertenecía a una comunidad religiosa judía al momento de expedirse esta ley o, posteriormente, se unía a la comunidad, (b) estaba casado con una persona judía al momento de expedirse la ley o, posteriormente, se casaba con una persona judía, (c) era el hijo de un matrimonio con un judío, en el sentido de la Sección I, matrimonio que hubiese sido contraído después de que la Ley para la Protección de la Sangre y el Honor Alemanes entrara en vigor, o (d) era el hijo extramatrimonial de una relación con un judío, conforme a la Sección I, y naciera fuera de un matrimonio después del 31 de julio de 1936...[1]

---

[1] Jeremy Noakes y Geoffrey Pridham, eds., *Documents on Nazism 1919–1945* (Nueva York: Viking Press, 1974), 463–67.

MATERIAL IMPRESO

LEY PARA LA PROTECCIÓN DE LA SANGRE Y EL HONOR ALEMANES — PARTE 1

Impulsado por la visión de que la pureza de la sangre alemana es la condición esencial para la continuación de la existencia del pueblo alemán, e inspirado por la determinación inflexible de garantizar la existencia de la nación alemana para siempre, el Reichstag ha adoptado por unanimidad la siguiente ley, la cual se promulga mediante el presente:

Artículo 1

1. Quedan prohibidos los matrimonios entre judíos y ciudadanos de sangre alemana o afín. Los matrimonios celebrados en estas condiciones serán nulos, aunque se hayan celebrado en el extranjero para evadir esta ley...

Artículo 2

Quedan prohibidas las relaciones sexuales extramaritales entre judíos y ciudadanos de sangre alemana o afín.

Artículo 5

1. Quien infrinja la prohibición establecida en el Artículo 1 será castigado con pena de cárcel.

2. Todo hombre que infrinja la prohibición establecida en el Artículo 2 será castigado con pena de cárcel o una condena.[1]

---

[1] "Ley de ciudadanía del Reich del 15 de septiembre de 1935", traducido al inglés por el Museo Estadounidense Conmemorativo del Holocausto, https://www.ushmm.org/wlc/en/article.php?ModuleId=10007903.

MATERIAL IMPRESO

LEY PARA LA PROTECCIÓN DE LA SANGRE Y EL HONOR ALEMANES — PARTE 2

Impulsado por la visión de que la pureza de la sangre alemana es la condición esencial para la continuación de la existencia del pueblo alemán, e inspirado por la determinación inflexible de garantizar la existencia de la nación alemana para siempre, el Reichstag ha adoptado por unanimidad la siguiente ley, la cual se promulga mediante el presente:

Artículo 3

Los judíos no podrán emplear en su hogar a ciudadanas de sangre alemana o afín menores de 45 años.

Artículo 4

1. Los judíos tienen prohibido ondear la bandera nacional del Reich o lucir los colores nacionales.

2. Sin embargo, pueden lucir los colores judíos. El ejercicio de este derecho está protegido por el estado.

Artículo 5

Quien infrinja las regulaciones del Artículo 3 o del Artículo 4, será castigado con una condena de hasta un año y con una multa, o con cualquiera de esas dos penas...[1]

---

[1] "Ley de ciudadanía del Reich del 15 de septiembre de 1935", traducido al inglés por el Museo Estadounidense Conmemorativo del Holocausto, https://www.ushmm.org/wlc/en/article.php?ModuleId=10007903.

LECTURA
DESCUBRIENDO LA SANGRE JUDÍA

Las Leyes de Núremberg hicieron que los judíos pasaran de ser ciudadanos alemanes a "residentes de Alemania". Las leyes transformaron las vidas de los judíos de toda Alemania, incluidas miles de personas que no sabían de antemano que sus familias tenían ascendencia judía. Entre estos estaban Marianne Schweitzer y sus hijos.

> Aunque no éramos una familia religiosa, veíamos la Navidad y la Pascua de una manera tradicional y pertenecíamos a la Iglesia luterana. Mis padres, mis tres hijos y yo estábamos bautizados; y yo había tomado clases para la confirmación con Martin Niemöller, excomandante de un submarino, y con su hermano, quien lo sustituyó cuando Martin estaba en prisión por actividades antinazi.
>
> Fue en 1932 que mi hermana [mayor], Rele, hizo que mi padre revelara nuestros ancestros judíos por primera vez. Ella tocaba el violín y rechazó a su maestro de violín porque "parecía demasiado judío". Nuestro padre había respondido de una manera bastante enrevesada diciendo: "¿No sabes que tu abuela vino del mismo pueblo de Jesús... ?".
>
> Por el lado de nuestra madre, los Körtes, eran "arios" según los estándares de Hitler. Pero los padres de nuestro padre, Eugen Schweitzer y Algunde Hollaender, eran judíos nacidos en Polonia que habían sido bautizados siendo adultos. Mi padre y sus dos hermanos eran considerados judíos según las leyes de Hitler. Aunque todos estaban casados con mujeres no judías, nuestras vidas cambiaron dramáticamente. Toda la familia estaba devastada y preocupada por nuestro futuro. El lado "ario" de mi madre apoyaba a mi padre. Mi abuela Körte dijo: "Si Hitler está contra Ernst [mi padre], yo estoy contra Hitler".
>
> No escuchábamos comentarios antijudíos en casa, pero el antisemitismo de esa época era tan generalizado y las imágenes en los periódicos, como *Der Stürmer*, eran tan horribles, que Rele después escribió sobre el golpe que significó saber de su relación con los "monstruos". Ella se consideraba "la típica chica alemana de cabello rubio y crespo". Yo tomaba las noticias con más calma. Estaba feliz de poder permanecer en la escuela y de no ser apta para unirme a las Juventudes Hitlerianas...
>
> En septiembre de 1935, se introdujeron las Leyes de Núremberg. A mi padre "judío" se le prohibió tratar pacientes "arios", emplear "arios", asistir a conciertos o al teatro, o usar el transporte público. Rele había aprobado su *Abitur*, la certificación para completar la secundaria, pero como *Mischling* (mestizo) así que no podía asistir a la universidad. No podría casarse con su novio "ario", Hans, estudiante de medicina.[1]

Los Schweitzers con seguridad no fueron los únicos alemanes penalizados por tener "sangre judía". Hacia 1935, explica el historiador Martin Gilbert,

> la búsqueda de judíos, y de judíos convertidos, para expulsarlos de sus trabajos era continua. El 5 de septiembre de 1935, el periódico de las SS publicó los nombres de ocho judíos convertidos y mitad judíos, quienes profesaban la fe luterana evangélica, que habían sido "despedidos sin previo aviso y privados de cualquier oportunidad futura para actuar como organistas en iglesias cristianas". Al respecto de estos despidos, el periódico comentó: "como pueden ver la Cámara de Música del Reich está tomando medidas para proteger a la iglesia de influencias perniciosas".[2]

---

[1] Marianne Schweitzer, epílogo a Melita Maschmann, *Account Rendered: A Dossier on My Former Self*, traducido al inglés por Geoffrey Strachan (Cambridge, Massachusetts: Plunkett Lake Press, 2013).

[2] Martin Gilbert, *The Holocaust: A History of the Jews of Europe During the Second World War* (Nueva York: Holt, 1985), 47.

IMAGEN
PROPAGANDA DE LAS JUVENTUDES HITLERIANAS

Este afiche de 1935 promueve las Juventudes Hitlerianas declarando: "¡Las juventudes sirven al *Führer*! Todos los menores de diez años en las Juventudes Hitlerianas".

akg-images

MATERIAL IMPRESO

KIT DE LECTURA 1 DE "LA JUVENTUD EN LA ALEMANIA NAZI"

La escolarización de la Comunidad Nacional

Gregor Ziemer era un maestro y el rector de una escuela estadounidense en Berlín (una escuela para los hijos de ciudadanos estadounidenses que vivían en Alemania) durante la mayor parte de la década de los treinta. Durante este tiempo, Ziemer recorrió las escuelas alemanas y con el tiempo escribió un libro llamado *Education for Death*, que fue publicado por primera vez en 1941. En este, Ziemer describe las escuelas que visitó:

> A un maestro no se le considera un maestro (*Lehrer*) sino un preceptor (*Erzieher*). La palabra sugiere una disciplina de hierro que no instruye sino que ordena, y cuyas órdenes están acompañadas de la fuerza, si es necesario.
>
> Las materias relacionadas con el espíritu son franca y categóricamente menospreciadas. La educación física, la educación para la acción, es la única que merece la atención de los maestros nazi. Todo lo demás puede ser desestimado como no esencial...
>
> Las escuelas nazi no son lugar para debiluchos. Evidentemente, todos los niños deben terminar la primaria antes de cumplir los diez años, pero después de eso, las escuelas son campos de pruebas para el Partido. Aquellos que revelen alguna debilidad corporal o no tengan la capacidad de obedecer sin reservas ni de someterse deben ser expulsados...
>
> El régimen hace una distinción clara entre las chicas, intrínsecamente débiles, y los chicos, exponentes naturales de la fuerza. Los chicos y las chicas no tienen nada en común. Sus objetivos, sus metas en la vida, son, en esencia, diferentes. Los chicos se convertirán en soldados; las chicas, en reproductoras. Las escuelas mixtas son manifestaciones de democracias decadentes y, por tanto, están prohibidas.
>
> [El Dr. Bernhard Rust, el Ministro de Educación nazi] decreta que en las escuelas nazi la norma es la educación física. Después de esta, el alemán, la biología, las ciencias, las matemáticas y la historia para los chicos; la eugenesia y la economía del hogar para las chicas. Se permiten otras materias si se enseñan para promover las ideas nazis. La educación espiritual definitivamente no es importante.[1]

La historia y las ciencias son las materias más influenciadas por la ideología nazi. Poco después de que Hitler asumiera el poder, se agregó un nuevo curso al currículo en todas las escuelas alemanas, la "ciencia racial". Sin embargo, la instrucción racial no se limitaba a un solo curso. Esta se incluía en todas las clases, incluso la aritmética. Un libro, titulado *Germany's Fall and Rise—Illustrations Taken from Arithmetic Instruction in the Higher Grades of Elementary School* [La caída y el auge de Alemania— Ilustraciones tomadas de la instrucción de aritmética de los grados superiores de la escuela primaria], pregunta, "Los judíos son extranjeros en Alemania—en 1933 había 66,060,000 habitantes en el Imperio Alemán, de los cuales 499,682 eran judíos. ¿Cuál es el porcentaje de extranjeros?"[2]

---

[1] Gregor Ziemer, *Education for Death: The Making of the Nazi* (Oxford: Oxford University Press, 1941), 15–16.

[2] Ziemer, *Education for Death*, 16.

Adoctrinamiento

Hede von Nagel creció en la Alemania nazi. Ella escribió sobre su infancia:

> Como la segunda hija de mis padres, fui una gran decepción para mi padre, quien quería engendrar varones para el Führer y la nación—y, como él hacía parte de la nobleza, para perpetuar el apellido de la familia.
>
> Estaba furioso porque, a diferencia de mi rubia hermana mayor, quien tenía rasgos bastante nórdicos, yo había sido maldecida con cabello castaño rojizo y ojos café oscuro. Después llegó un tercer hijo, esta vez, varón, pero era pelirrojo de ojos oscuros —otra decepción para mi patriótico padre. Solo tras el nacimiento de otro hijo que demostró ser el modelo ario: rubio, de ojos azules, estuvo mi padre satisfecho. "Por fin", dijo, "el hijo que quería".
>
> Nuestros padres nos enseñaron a levantar los brazos y decir "Heil Hitler" antes de decir "mamá". Este tipo de adoctrinamiento era universal. Los niños lo vivían en el jardín infantil, en la casa, en todas partes. Crecimos creyendo que Hitler era un dios supremo, y que Alemania era una nación ungida...
>
> Simultáneamente, nuestros padres y maestros nos entrenaron a mí y a mi hermana para ser las colegas incondicionales de los hombres; como personas, no teníamos derecho a tener nuestra propia opinión, ningún derecho a decir lo que pensábamos.[1]

---

[1] Hede von Nagel, "The Nazi Legacy—Fearful Silence for Their Children", *Boston Globe*, 23 de octubre de 1977.

Ingreso a las Juventudes Hitlerianas

Alfons Heck era un participante entusiasta de las organizaciones de las Juventudes Hitlerianas. En una autobiografía que escribió muchos años después de la Segunda Guerra Mundial, Heck reflexionó sobre lo que lo motivó a unirse:

> Lejos de estar obligado a unirme a las filas del Deutsches Jungvolk (Juventud Alemana), apenas podía contener mi impaciencia y, de hecho, había sido aceptado antes de los 10 años. Parecía una vida emocionante, lejos de la supervisión de mis padres, llena de "deberes" que parecían puro placer. La marcha de precisión era algo que uno podía aguantar para realizar caminatas, campamentos, simulacros de guerra en el campo, y un énfasis constante en los deportes… Hasta cierto punto, nuestras actividades anteriores a la guerra se parecían a las de los niños exploradores, con mucho más énfasis en la disciplina y el adoctrinamiento político. Estaban la parafernalia y los símbolos, la pompa y el misticismo, que producían sentimientos muy parecidos a los de los rituales religiosos. Una de las primeras exigencias significativas era la llamada… "prueba de valentía", que normalmente se realizaba después de un período de prueba de seis meses. A los miembros de mi *Schar*, una unidad similar a un pelotón de 40 a 50 chicos, se les pidió que se lanzaran de cabeza desde el trampolín de la piscina del pueblo que se encontraba a tres metros de altura, unos diez pies. Hubo algunos dolorosos panzazos, pero el dolor valió la pena cuando nuestro *Fahnleinführer* de 15 años, el líder del Fahnlein (literalmente "banderín"), una unidad parecida a una compañía, de 160 chicos, nos entregó la ansiada daga con la inscripción "Sangre y Honor". Desde ese momento nos aceptaron por completo.[1]

---

[1] Alfons Heck, *A Child of Hitler: Germany in the Days When God Wore a Swastika* (Phoenix, AZ: Renaissance House, 1985), 9.

Desilusión en las Juventudes Hitlerianas

Hans Scholl, quien más adelante fundó el movimiento de resistencia la Rosa Blanca con su hermana Sophie y fue ejecutado por los nazis, en algún momento fue miembro de las Juventudes Hitlerianas. Su hermana Inge Scholl describe cómo Hans lentamente se fue desilusionando del grupo:

> Hans había creado una lista de canciones populares, y a los jóvenes a su cargo les encantaba escucharlo cantar, acompañado de su guitarra...
>
> Pero un tiempo después, hubo un cambio peculiar en Hans; él ya no era el mismo... El líder le había dicho que sus canciones estaban prohibidas. Y cuando se rio de esto, lo amenazaron con medidas disciplinarias. ¿Por qué no le permitían cantar estas hermosas canciones? ¿Solo porque habían sido creadas por otros pueblos?... [E]sto lo deprimió, y su habitual ánimo desenfadado empezó a decaer.
>
> En aquel momento en particular, se le asignó una misión muy especial.
>
> Debía llevar la bandera de su tropa al mitin nacional del partido, en Núremberg. Estaba muy contento. Pero cuando regresó, apenas podíamos creer lo que veíamos. Se veía cansado y en su rostro se evidenciaba una gran decepción... poco a poco supimos que el movimiento de jóvenes que se le había presentado como una imagen ideal, en realidad, era algo totalmente distinto a lo que se había imaginado que eran las Juventudes Hitlerianas. Su entrenamiento y uniformidad habían penetrado todas las esferas de su vida personal. Pero él siempre había creído que cada chico debía desarrollar sus propios talentos...
>
> Finalmente, algo se rompió.
>
> Una noche, mientras estaban en formación sosteniendo la bandera para una inspección por parte de un líder superior, ocurrió algo inaudito. El líder visitante de repente ordenó que el chiquillo abanderado, un travieso niño de doce años, entregara la bandera. "No necesitas una bandera especial. Solo mantén la que ha sido prescrita para todos." Hans estaba conmocionado. ¿Desde cuándo? ¿No sabía el líder de la tropa lo que esta bandera especial significaba para el chiquillo abanderado?
>
> Una vez más, el líder ordenó que el chico entregara la bandera. Él se mantuvo quieto y en silencio. Hans sabía lo que pasaba por la mente del chiquillo y que no obedecería. Cuando el líder superior, con un tono amenazante, le dio la orden al pequeño, por tercera vez, Hans vio que la bandera tembló ligeramente. Ya no pudo contenerse. Dio un paso adelante y abofeteó al líder visitante. Desde ese momento dejó de ser el abanderado.[1]

---

[1] Inge Scholl, *Students Against Tyranny: The Resistance of the White Rose, Múnich, 1942–1943*, traducido al inglés por Arthur R. Schultz (Middletown, CT: Wesleyan University Press, 1970), 7–10. Reproducido con autorización de Wesleyan University Press.

MATERIAL IMPRESO

KIT DE LECTURA 2 DE "LA JUVENTUD EN LA ALEMANIA NAZI"

Tenga en cuenta que esta lectura contiene lenguaje deshumanizador. Hemos decidido incluirlo a fin de transmitir de manera veraz el lenguaje dañino de la época; sin embargo, el lenguaje deshumanizador no se debe decir o leer en voz alta durante la clase.

Los jóvenes en los márgenes, Parte 1

Cuando Elizabeth Dopazo y su hermano eran muy jóvenes, a sus padres los enviaron a un campo de concentración por sus creencias religiosas, eran Testigos de Jehová, cuya fe exigía que le juraran lealtad solamente a Dios. Por lo tanto, los Testigos de Jehová, por sus convicciones religiosas, se rehusaron a decir "Heil Hitler". Después de que sus padres fueran arrestados, Elizabeth, de siete años, y su hermano, de seis años, se fueron a vivir con sus abuelos. Elizabeth recordó más tarde:

> Tuvimos que aprender rápidamente a hablar de manera diferente para que, quizás, no fuéramos tan notorios. Desde el primer momento, en la escuela teníamos que levantar el brazo derecho y decir "Heil Hitler" y todas esas cosas y después, algunas veces no lo hacíamos. En ocasiones, no había problema. Puedes dejar caer un pañuelo, puedes hacer alguna cosa, pero rápidamente prestan atención y dicen, "¡Oh!, eres diferente y eres nueva en la escuela". Entonces, te comenzaban a vigilar más de cerca. Uno podía encontrarse con un niño o dos que lo delataran, pero era raro. El maestro nos pedía que fuéramos al frente de la clase y nos decía "¿Por qué no dicen Heil Hitler?" y uno estaría temblando porque sabía, a diferencia de otros niños, que si decía la verdadera razón, estaría en problemas. Para nosotros, decir "Heil Hitler" y jurarle lealtad a una persona iría contra nuestras creencias. No debíamos hacerlo porque ya le habíamos jurado lealtad a Dios y a nadie más. Entonces, podíamos ponernos de pie y ser respetuosos con el gobierno, pero no podíamos participar en la adulación de figuras políticas...

> Más adelante, cuando tenía doce o trece, nos unimos a las Juventudes Hitlerianas, incluso sin querer hacerlo, pero la Gestapo se presentó en la casa de mis abuelos, así como se ve en las películas, con abrigos largos de piel, y se pararon ante la puerta y dijeron "Sus nietos tienen que unirse a las Juventudes Hitlerianas y, si no lo hacen antes del jueves, tomaremos medidas más drásticas". Después de que se fueron, les dijimos a nuestros abuelos que nos uniríamos al día siguiente, aunque odiáramos todo eso. Estuvieron de acuerdo en que era la mejor decisión y rápidamente nos pusimos esos uniformes...

> A medida que el tiempo pasaba, mi hermano, cuando tenía trece o catorce, casi había sido persuadido. ¿Saben?, uno tiene que creer en algo. Él quería ser un oficial alemán y dijo que nuestro padre había estado equivocado todo el tiempo y que estábamos fracasando por las creencias de nuestro padre. Él [nuestro padre] murió por sus ideales y ¿dónde estamos? [Mi hermano] estaba muy enojado. Yo también, pero no tanto. Dudaba entre lo que sería correcto hacer y lo que no...[1]

---
[1] Elizabeth Dopazo, "Reminiscences", entrevista inédita, 1981, Facing History and Ourselves.

Camaradería

En 1938, un chico llamado Hans Wolf escribió una historia sobre sus experiencias en las Juventudes Hitlerianas, la cual fue publicada en un libro de texto escolar. La historia se llamaba "Camaradería". Así empieza:

> Era un caluroso día y todavía nos quedaba mucho camino. El sol quemaba en el brezal, despojado de árboles. La arena brillaba, yo estaba cansado. Me dolían los pies con esos zapatos nuevos; cada paso me hacía daño y en lo único que pensaba era en descansar, beber agua y recibir sombra. Apreté los dientes para seguir caminando. Yo era el menor y esta era mi primera salida. Delante mío iba Rudolf, el líder, que andaba a zancadas. Era alto y fuerte. Su mochila era pesada y le presionaba los hombros. Rudolf llevaba el pan de nosotros, los seis chicos, la olla para cocinar, y una pila de libros, de los cuales nos leía magníficas y emocionantes historias, por la noche en el albergue. En mi mochila solamente llevaba una camisa, un par de zapatos de deporte, artículos de aseo, y algunos utensilios para cocinar, aparte de una lona impermeable para los días lluviosos y camas de paja. Y, aun así, pensaba que ya no podía cargar esta mochila por más tiempo. Mis camaradas eran un poco mayores y tenían experiencia acampando. Escasamente sentían el calor y las dificultades de la marcha. De vez en cuando, suspiraban y bebían café tibio de sus cantimploras. Poco a poco, me iba quedando más rezagado, a pesar de que intentaba compensar mi diferencia corriendo. De repente, Rudolf se dio la vuelta. Se detuvo y me miró mientras yo caminaba a paso de tortuga hacia él desde la distancia, mientras nuestros camaradas continuaban hacia unos árboles en el horizonte. "¿Cansado?", me preguntó Rudolf amablemente. Avergonzado, le respondí que sí. Caminamos despacio uno al lado del otro. Yo estaba sin fuerzas. Pero no quería decírselo a Rudolf. Cuando llegamos a una zona de enebros, el líder se sentó y dijo: "¡Descansemos un poco!". Aliviado, me dejé caer. No quería conversar, porque era tímido. Rudolf me dio algo de tomar. Le agradecí y me recosté cómodamente, feliz de poder estirar mis pies adoloridos, y, sin darme cuenta, me quedé dormido... Cuando retomamos la marcha, los pies me dolían mucho menos y la mochila ya no me presionaba tanto. Estaba muy contento por eso.[1]

---

[1] Hans Wolf, "Comradeship," traducido al inglés por Michael H. Kater, en Michael H. Kater, Hitler Youth (Cambridge, MA: Harvard University Press, 2004), 13–14.

"¡Heil Hitler!": lecciones de la vida diaria

En 1938, la escritora Erika Mann publicó un libro llamado *School for Barbarians: Education Under the Nazis*. Mann había emigrado de Alemania a los Estados Unidos en 1937. En su libro criticaba los esfuerzos de los nazis por moldear las ideas y sentimientos de los jóvenes. En este, ella describe cómo la vida diaria en Alemania era una especie de "escuela" que educaba a los niños de acuerdo con los ideales nazis:

> Todos los niños dicen "¡Heil Hitler!" entre 50 y 150 veces al día… Es obligación por ley; si te encuentras con un amigo de camino a la escuela, lo dices; los períodos de estudio empiezan y terminan con "¡Heil Hitler!"; el cartero, el conductor del tranvía, la chica que vende cuadernos en la papelería saludan diciendo "¡Heil Hitler!"; y, si las primeras palabras de tus padres cuando llegas a casa a almorzar no son "¡Heil Hitler!", han cometido una infracción condenable y pueden ser denunciados. "¡Heil Hitler!" gritan en los Jungvolk y en las Juventudes Hitlerianas. "¡Heil Hitler!" gritan las chicas de la Liga de Muchachas Alemanas. Si te tomas la devoción en serio, tus oraciones por la noche deben terminar con "¡Heil Hitler!"…

> … Cuando sales de la casa por la mañana, "¡Heil Hitler" debe salir de tu boca; y en la escalera del complejo de apartamentos te encuentras al *Blockwart* [guarda de la cuadra]. Una persona de gran importancia y cierto peligro, el *Blockwart* ha sido designado por el gobierno como guardián nazi. Él controla la cuadra, presenta informes periódicos, vigila los comportamientos de sus residentes… A lo largo de toda la cuadra, ondean las banderas, todas las ventanas tienen estandartes rojos con la esvástica negra en el medio. Uno no se detiene a preguntar ¿por qué?; se supone que es un evento nacional… Solamente los judíos están exentos bajo la estricta regulación. Los judíos no son alemanes; no pertenecen a la "nación", no pueden celebrar "eventos nacionales"…

> Hay más letreros mientras continúas tu camino a la escuela, en hoteles, restaurantes, piscinas interiores. Estos dicen "No se permiten judíos"—"Aquí los judíos no son bienvenidos"—"No prestamos servicios a judíos". ¿Y qué sientes? ¿Estás de acuerdo? ¿Sientes placer? ¿Repulsión? ¿Te opones? No sientes nada de eso. No sientes nada, has visto estos letreros durante casi cinco años. Es algo habitual, es normal, que por supuesto los judíos no sean admitidos aquí. Cinco años en la vida de un niño de nueve, es toda su vida, después de cuatro años de infancia, toda su vida personal, su existencia consciente…[1]

---

[1] Erika Mann, School for Barbarians: Education Under the Nazis (Mineola, Nueva York: Dover Publications, 1938), 21–24. Reproducido con autorización de Dover Publications

Rechazando el nazismo

Algunos jóvenes alemanes se rehusaron a unirse a las organizaciones de Juventudes Hitlerianas. Un grupo que se rehusó a unirse se hizo llamar *Swing-Jugend* ("los jóvenes del *swing*") por un estilo de música jazz estadounidense y de baile que les encantaba. El historiador Richard Bessel describe así a los "jóvenes del *swing*":

> Los jóvenes del *swing* no eran anti fascistas en el sentido político; de hecho, su comportamiento era rotundamente antipolítico, tanto los eslóganes de los nazis como los del nacionalismo tradicional les eran profundamente indiferentes. Buscaban su contraidentidad en lo que llamaban la cultura "desaliñada" de… Inglaterra y los Estados Unidos. Aceptaban a los judíos y a los "mitad judíos" en sus grupos… y ovacionaban a las bandas visitantes de Bélgica y Holanda.[1]

Un informe de las Juventudes Hitlerianas sobre un festival de swing realizado en Hamburgo en 1940 al que asistieron más de 500 adolescentes describe el tipo de comportamiento que molestaba a los oficiales nazis:

> Los bailarines eran una visión espantosa. Ninguna de las parejas bailaba normalmente; solo había swing de la peor clase. A veces, dos chicos bailaban con una chica; otras, varios formaban un círculo, uniendo las manos y saltado, chocando las manos, incluso, frotándose la parte posterior de las cabezas; y luego, se doblaban en dos, con la parte superior del cuerpo colgando relajadamente, con el cabello largo cayéndoles en el rostro, arrastrándose por el espacio prácticamente hasta las rodillas. Cuando la banda tocó una rumba, los bailarines dieron rienda suelta a la euforia. Todos saltaban y mascullaban los coros en inglés. La banda tocaba canciones cada vez más alocadas, ya ninguno de los artistas estaba sentado, todos bailaban Jitterbug en el escenario, como animales salvajes. Era frecuente ver a chicos bailando juntos, sin excepción con dos cigarrillos en la boca, uno en cada comisura…[2]

---

[1] Richard Bessel, Life in the Third Reich (Oxford: Oxford University Press, 1987), 39.

[2] Bessel, Life in the Third Reich, 37.

Los jóvenes en los márgenes—Parte 2

La vida diaria en la escuela era difícil para un chico llamado Frank, uno de dos estudiantes judíos en una escuela en Breslavia a mediados de la década de los treinta. Él recuerda:

> Las personas empezaron a acosarme, llamándome "sucio judío", y ese tipo de cosas. Y empezábamos a pelear... Tenía un amigo, quien estaba en un curso por encima, que peleaba en todos los descansos... Empecé a pelear también, porque me insultaban demasiado o empezaban la pelea, cualquiera de las dos.
>
> Estábamos muy aislados, y salía una orden tras otra... [Una] orden decía: todos los judíos deben saludar usando el saludo alemán. El saludo alemán era levantar la mano y decir "Heil Hitler". Después, salió la siguiente orden que decía: no se les permite a los judíos saludar con la señal de "Heil Hitler". Entonces, en Alemania, uno tenía que saludar a cada maestro. Cuando veías a un maestro en la calle, tenías que respetarlo y saludarlo, hasta tenías que hacer una reverencia...
>
> Estábamos en una situación insostenible, porque cuando subíamos por la escalera y veíamos un maestro, y le decíamos "Heil Hitler", él se volteaba: "¿Ustedes no son judíos? No pueden saludarme con el saludo de 'Heil Hitler'". Pero si no lo saludábamos, entonces, el siguiente maestro diría "¿No se supone que tienen que saludar [me diciendo] 'Heil Hitler'?" Y esto siempre venía acompañado de un castigo... No todos pero sí algunos, los maestros que me conocían y me acosaban, me castigaban, me mandaban a una esquina del salón, o me humillaban de una u otra forma...

MATERIAL IMPRESO

LA NOCHE DE LOS CRISTALES ROTOS: GUÍA DE VISUALIZACIÓN DE *"LOS POGROMOS DE NOVIEMBRE DE 1938"*

INDICACIONES: en este video, académicos discuten los eventos de la Kristallnacht ("La Noche de los Cristales Rotos"), una serie de ataques violentos contra los judíos en Alemania, Austria y parte de Checoslovaquia en noviembre de 1938. Mientras ve el documental, tome notas que le ayudarán a responder las dos primeras preguntas de este material impreso. Después de terminar de ver el documental, responda la tercera pregunta.

1. ¿Qué experimentaron los judíos durante e inmediatamente después de La Noche de los Cristales Rotos?

2. ¿Qué se imagina que hubieran visto y experimentado otros alemanes esa noche y los días siguientes?

3. ¿Hasta qué punto se parecía La Noche de los Cristales Rotos a lo que había pasado antes? ¿En qué era diferente La Noche de los Cristales Rotos?

MATERIAL IMPRESO
GUÍA DE VISUALIZACIÓN DEL TESTIMONIO DE LA NOCHE DE LOS CRISTALES ROTOS

1. <u>Mientras ve el testimonio de Elsbeth Lewin</u>, escriba una frase u oración con la que se identifique.

2. <u>Después de ver el testimonio de Elsbeth</u>, escriba una palabra o una frase corta que describa cómo se sintió mientras escuchaba su historia.

3. ¿Qué puede aprender sobre La Noche de los Cristales Rotos a partir del testimonio de Elsbeth Lewin que no pudo aprender de otras fuentes, como lecturas o videos, que se enfoquen en los aspectos históricos del evento?

MATERIAL IMPRESO

TOMA DE DECISIONES EN TIEMPOS DE MIEDO Y CRISIS

INDICACIONES: después de terminar la lectura asignada con su grupo, trabajen juntos para completar las tres primeras columnas del organizador gráfico en la siguiente página. No escriban nada en la cuarta columna hasta que el maestro les indique hacerlo.

Después de que su grupo haya terminado la lectura y las tres primeras columnas del cuadro, discutan la siguiente pregunta a fin de prepararse para la discusión en clase:

¿Qué da a entender esta fuente sobre la variedad de formas en que los seres humanos pueden responder ante el miedo y la crisis?

Nombre/Cargo	Reacción a La Noche de los Cristales Rotos *¿Cómo reaccionó esta persona a La Noche de los Cristales Rotos? ¿Qué decisiones tomaron?*	Factores motivadores *¿Qué factores pueden haber motivado a esta persona y/o influido en sus decisiones? ¿Cómo podría el universo de obligaciones de esta persona influir en sus decisiones?*	Etiquete las acciones de esta persona

Nombre/Cargo	Reacción a La Noche de los Cristales Rotos *¿Cómo reaccionó esta persona a La Noche de los Cristales Rotos? ¿Qué decisiones tomaron?*	Factores motivadores *¿Qué factores pueden haber motivado a esta persona y/o influido en sus decisiones? ¿Cómo podría el universo de obligaciones de esta persona influir en sus decisiones?*	Etiquete las acciones de esta persona

LECTURA
LA NOCHE DEL POGROMO

Hugo Moses describió lo que experimentó La Noche de los Cristales Rotos y los días que siguieron:

> La noche del 9 de noviembre de 1938, las camisas pardas de las SA y las camisas negras de las SS se reunieron en bares para celebrar el decimoquinto aniversario del fallido golpe de estado [de los nazis] en Múnich. Cerca de las once de la noche, llegué a casa después de una reunión de una organización que ayuda a los judíos y puedo atestiguar que la mayoría de la "gente alemana", que al día siguiente fue señalada por el gobierno como responsable de lo que había pasado esa noche, estaba acostada tranquilamente en sus camas. Las luces estaban apagadas en todas partes y nada hacía pensar que en las siguientes horas se pudieran presentar esos eventos tan terribles.
>
> Incluso los miembros del grupo de uniformados no estaban en el plan; la orden de destruir propiedades judías fue dada poco antes de que salieran de los bares a las casas judías. (Recibí esta información del hermano de un hombre de las SS que participó activamente en los pogromos).
>
> A las 3 a. m. en punto, alguien insistentemente timbraba en la puerta de mi apartamento. Fui a la ventana y vi que las farolas habían sido apagadas. Sin embargo, pude ver un vehículo de transporte del cual emergieron cerca de veinte hombres uniformados. Solo reconocí a uno de ellos, un hombre que servía como líder; los demás venían de otras localidades y ciudades y estaban distribuidos por el distrito de acuerdo con las órdenes de marcha. Llamé a mi esposa: "No temas, son hombres del partido; mantén la calma". Después fui hasta la puerta, con mi pijama puesta, y abrí.
>
> Sentí un fuerte olor a alcohol, y la turba entró a la fuerza a mi hogar. Un líder me empujó y arrancó el teléfono de la pared. Un líder de los hombres de las SS, con el rostro verde de la embriaguez, amartilló su revólver mientras yo lo observaba, lo apoyó en mi frente y masculló: "¿Sabe por qué hemos venido aquí, cabrón?". Respondí que no, y él continuó: "Por el indignante acto cometido en París, del cual usted también es culpable. Si intenta moverse, le dispararé como a un cerdo". Me mantuve en silencio, sin moverme, con las manos en la espalda, con [la bocanada de] aire helado que entraba por la puerta abierta. Un hombre de las SA, quien debió haber vislumbrado algo de humanidad en mí, me susurró: "Quédese quieto. No se mueva". Durante todo este tiempo y otros veinte minutos más, el líder borracho de las SS seguía amenazando torpemente con su revólver cerca de mi frente. Un movimiento inadvertido de mi parte o un movimiento torpe de él y mi vida habría llegado a su fin. Si sobrevivo para cumplir cien años, nunca olvidaré ese tosco rostro y esos espantosos minutos.
>
> Mientras tanto, unos diez uniformados habían invadido mi casa. Escuché a mi esposa gritando: "¿Qué quieren con mis hijos? ¡Tocarán a mis hijos sobre mi cadáver!". Después, escuché solo los golpes de los muebles cuando son volteados, el sonido de los vidrios rotos y las pisadas de botas pesadas. Semanas más tarde, aún me despertaba debido a sueños intranquilos, aún seguía escuchando los vidrios, martillazos y golpes. Nunca olvidaremos esa noche. Después de aproximadamente media hora, que me pareció una eternidad, los toscos borrachos salieron de nuestro apartamento, gritando y vociferando. El líder silbó y mientras sus subordinados pasaban torpemente por su lado, este disparó

su revólver cerca de mi cabeza, dos tiros al techo. Pensé que me habían explotado los tímpanos pero no me moví. (Unas horas más tarde le mostré a un oficial de policía los dos orificios de bala). El último hombre de las SA que salió del edificio me golpeó tan duro en la cabeza, con el bastón que usó para destruir mis pinturas, que a los quince días la inflamación aún era visible. Cuando salía, me gritó: "Ahí tiene, cerdo judío. Diviértase"...

Hacia el amanecer, un oficial de policía se presentó para determinar si había algún daño visible desde el exterior, como una ventana rota o muebles lanzados a la calle. Sacudiendo su cabeza, mientras yo le mostraba los orificios de bala de la noche anterior, nos dijo: "Es una desgracia ver todo esto. No hubiera sucedido si no hubiéramos tenido que quedarnos acuartelados". Cuando salía dijo: "Espero que esta sea la última vez que les pasa algo así".

Dos horas más tarde, otro oficial de policía vino y le dijo a Moses: "Lo siento, pero tengo que arrestarlo".

Le dije: "Nunca he infringido la ley, dígame por qué me está arrestando". El oficial dijo: "Me han ordenado arrestar a todos los hombres judíos. No haga más difícil la situación, solo sígame". Mi esposa me acompañó a la estación de policía...

En la estación de policía, casi todos los oficiales fueron amables con nosotros. Solo uno le dijo a mi esposa: "Váyase a casa. Podrá volver a ver a su esposo después de unos años de trabajo forzado en el campo de concentración, si es que aún está vivo". Otro oficial, que había ido conmigo a la escuela, le dijo esto a su camarada: "Hombre, no diga esas tonterías". Y le dijo a mi esposa: "Solo váyase a casa, pronto tendrá a su esposo de regreso". Unas horas más tarde, mi hijo pequeño vino a verme nuevamente. Las experiencias de esa terrible noche y mi arresto fueron demasiado para el pequeño, así que seguía llorando y mirándome como si me fueran a disparar en cualquier momento. El oficial de policía que conocía bien, tomó al niño de la mano y me dijo: "Llevaré al niño a mi oficina hasta cuando se lo lleven. Si el chico veía eso, nunca lo olvidaría por el resto de su vida".[1]

Después de varias semanas en prisión, Moses fue liberado, gracias a la esposa de un conocido "ario". Al poco tiempo, él y su familia lograron salir de Alemania. Moses contó esta historia por primera vez en 1940, justo un año y medio después del pogromo. Se rehusó a revelar el nombre de su pueblo y las identidades de aquellos que lo ayudaron, porque no quería poner en peligro a quienes había dejado atrás.

---

[1] Uta Gerhardt y Thomas Karlauf, eds., *The Night of Broken Glass: Eyewitness Accounts of Kristallnacht* (Cambridge, Reino Unido: Polity Press, 2012), 21–23. Reproducido con autorización de Polity Press.

LECTURA
EL OPORTUNISMO DURANTE LA NOCHE DE LOS CRISTALES ROTOS

Aunque el jefe de la Gestapo, Heinrich Müller, dio instrucciones a la policía estatal de que el saqueo fuera mínimo, el robo de bienes, propiedades y dinero de los judíos por parte de la policía alemana, los miembros de las SS y civiles, en medio del caos de La Noche de los Cristales Rotos, era generalizado.

Los periódicos alemanes reportaron el saqueo y el robo a negocios judíos. Según el periódico *Daily Herald* de Berlín: "Parecía como si los grandes centros comerciales hubieran sufrido un ataque aéreo... Arrancaron las vitrinas de las paredes, rompieron muebles, volvieron pedazos los avisos luminosos". El periódico *News Chronicle*, también de Berlín, reportó saqueos donde "rompían con peculiar cuidado las ventanas de joyerías y, riendo disimuladamente, metían en sus bolsillos las baratijas y collares que caían al piso".[1]

En Viena, Helga Milberg, quien tenía ocho años durante La Noche de los Cristales Rotos, recordó que todos los bienes y equipos de la carnicería de su padre fueron robados durante el pogromo. "Mi padre vio que los demás comerciantes habían echado mano de todo", escribió.[2] Según el historiador Martin Gilbert, cuando un reportero británico le preguntó a un oficial nazi por el robo generalizado de bienes de los negocios judíos durante La Noche de los Cristales Rotos en Viena, el oficial respondió:

> "Empezamos a apoderarnos de negocios judíos porque, de todas maneras, tarde o temprano serían nacionalizados [confiscados por el gobierno]". Los bienes tomados de esta manera, agregó el oficial: "serían usados para compensarnos, por lo menos, parte del daño que los judíos le habían estado haciendo por años al pueblo alemán".[3]

Gilbert también describe cómo la familia de Kurt Füchsl perdió su hogar.

> Kurt Füchsl, de siete años, estaba desconcertado por los eventos de La Noche de los Cristales Rotos, y por haber sido obligado a salir de su hogar con su familia temprano en la mañana el 10 de noviembre. Recordó más tarde: "Lo que sucedió, como me lo cuenta mi madre, fue que un decorador de interiores había tomado una fotografía de nuestra hermosa sala y la había puesto en la ventana de su negocio. Una mujer, [la Sra.] Januba, vio la foto y dijo que nosotros éramos judíos. Vino al apartamento y preguntó si este estaba la venta. Se le dijo que no, pero unos días después, la mañana de La Noche de los Cristales Rotos, volvió con algunos oficiales y dijo: 'Este apartamento ahora es mío'. Mostró una hoja con una esvástica estampada en esta y nos dijo que para las seis de la tarde tendríamos que haber desalojado". La madre de Kurt Füchsl protestó ante los oficiales que acompañaban a la señora Januba diciéndoles que tenía a un niño enfermo en casa y que ya estaba dormido. "Está bien", le dijeron, "pero tienen que salir antes de las seis de la mañana".[4]

Los oficiales alemanes también robaron dinero en efectivo de los negocios y familias judías. Dos semanas después de La Noche de los Cristales Rotos, Margarete Drexler le escribió la siguiente carta a la Gestapo, solicitando la devolución del dinero que habían tomado de su hogar en Mannheim, Alemania:

> Mannheim, 24 de noviembre de 1938
>
> Margarete Drexler, Landau Pfalz Suedring St. 10
>
> Dirigida a la Policía Estatal Secreta de Landau (Pfalz). La suma de 900 marcos en efectivo me fue confiscada durante la acción del 10 de noviembre. Por la presente solicito la devolución de mi dinero, puesto que lo necesito urgentemente para mi manutención y la de mi hijo. Espero que mi solicitud sea admitida, teniendo en cuenta que mi esposo murió como consecuencia de heridas en guerra; el luchó y murió por su patria con suma valentía y, como resultado, me quedé sin ningún sustento. Hasta hace unos años, la foto de mi esposo colgaba junto a la del *Generalfeldmarschall* [Paul] von Hindenburg en el cantón del regimiento de Infantería 23 en Landau; esto lo hicieron para honrar su ejemplar cumplimiento en el ejército. Sus medallas y condecoraciones son prueba de que luchó con gran valentía y honor. Fue condecorado con: La Cruz de Hierro de Primera Clase, la Cruz de Hierro de Segunda Clase, la Orden del Mérito Militar de Cuarta Clase con espadas. La Orden Militar de Saneamiento de Segunda Clase con cinta azul y blanca. Esta cinta normalmente se concede solo a receptores de la Orden Militar de Max Joseph, que solo acepta miembros de la nobleza. Solo espero que como viuda de un hombre como el que describo, tan honrado por su país, mi solicitud de devolución de mi propiedad no sea en vano.
>
> Con saludos alemanes,
> (firmado) Sra. Margarete Drexler
>
> Viuda del cirujano del personal de reserva
> Dr. Hermann Drexler[5]

En 1940, Drexler fue arrestada y recluida en un campo de concentración en Francia, donde murió.

---

[1] Martin Gilbert, *Kristallnacht: Prelude to Destruction* (Nueva York: HarperCollins, 2006), 46–47.
[2] Gilbert, *Kristallnacht: Prelude to Destruction*, 54.
[3] Gilbert, *Kristallnacht: Prelude to Destruction*, 59.
[4] Gilbert, *Kristallnacht: Prelude to Destruction*, 62.
[5] Yad Vashem, "Looting during 'Crystal Night'", consultado el 29 de junio de 2016, http://www.yadvashem.org/odot_pdf/Microsoft%20Word%20-%203238.pdf.

LECTURA
REACCIÓN DE UNA FAMILIA A LA NOCHE DE LOS CRISTALES ROTOS

> *Tenga en cuenta que esta lectura contiene lenguaje deshumanizador. Hemos decidido incluirlo a fin de transmitir de manera veraz el lenguaje dañino de la época; sin embargo, el lenguaje deshumanizador no se debe decir o leer en voz alta durante la clase.*

Marie Kahle (maestra), su esposo (profesor universitario y pastor luterano) y sus hijos, fueron testigos de los eventos de La Noche de los Cristales Rotos en la ciudad de Bonn y de los efectos que estos tuvieron en sus vecinos y colegas judíos. Marie Kahle escribió sobre las decisiones que ella y su familia tomaron al día siguiente:

> El 10 de noviembre de 1938, a las 11:30 de la mañana, la esposa de un colega judío vino a hablar conmigo y me dijo que las dos sinagogas de Bonn habían sido incendiadas y que los hombres de las SS habían destruido los negocios judíos, ante lo cual respondí: "¡No puede ser cierto!". Me entregó un manuscrito para guardarlo, era el trabajo de toda una vida de su esposo. Entonces, uno de mis hijos me contó la misma noticia.
>
> Mi tercer hijo de inmediato se fue, sin que yo supiera, a un negocio de un relojero judío, le ayudó a la esposa del hombre a esconder unas pocas cosas y trajo a casa un cofre con las piezas de relojería y joyería más valiosas. Después fue a una chocolatería, le advirtió al propietario y le ayudó a pasar el té, el café, el cacao, etc., a un cuarto que había en la parte trasera del edificio. Mientras los tres hombres de las SS estaban destruyendo todo frente al negocio, él se escapó por la puerta trasera con una maleta llena de títulos y volvió a casa en su bicicleta. Después, pasó semanas vendiendo estas cosas ocultas a nuestros conocidos y, de esta manera, consiguió dinero para los dos propietarios de los negocios de los que la Gestapo no tenían conocimiento. El 10 de noviembre, un colega judío de mi esposo se quedó con nosotros todo el día y así evitó ser arrestado.
>
> A partir del 11 de noviembre, mis hijos trabajaron intensamente para ayudarles a los comerciantes judíos a desocupar sus negocios. No pude participar personalmente porque no quería poner en riesgo el cargo de mi esposo. Solo podía visitar a las personas pobres. Durante una de estas visitas, mi hijo mayor y yo fuimos sorprendidos por un policía, quien anotó mi nombre. La consecuencia fue un artículo en el periódico… para el titular del 17 de noviembre de 1938 que decía: "Esta es una traición del pueblo: la señora Kahle y su hijo le ayudaron a la judía Goldstein a desocupar su negocio".
>
> Por este artículo en el periódico, a mi esposo lo suspendieron de inmediato y se le prohibió entrar… a los edificios de la universidad. A mi hijo mayor también le prohibieron entrar a la universidad. Fue condenado por un tribunal disciplinario… Durante la noche, nuestra casa fue atacada. Rompieron los cristales, etc… La policía vino poco tiempo

después, pero se fue de inmediato. Uno de los policías me aconsejó que tuviera cuidado en la calle: allí, encontramos escrito en el piso con enormes letras rojas: "¡Traidores al pueblo! ¡Amantes de los judíos!". Limpiamos lo que escribieron con trementina.

Sin embargo, como las personas volvían constantemente en sus automóviles, salí de ahí abiertamente en mi bicicleta. No quería que me mataran a golpes frente a mis hijos; además, representaba un peligro para mi familia. Encontré un refugio en un pequeño convento católico, donde las monjas eran lo suficientemente amables para cuidarme a mí y a mi hijo menor. Unos días después, durante el interrogatorio de la Gestapo, me preguntaron si sabía el número de matrícula del automóvil cuyos ocupantes eran responsables del ataque. Cuando respondí que no, me liberaron. Al salir del edificio de la Gestapo, este mismo automóvil se detuvo frente a la puerta; incluso reconocí al conductor.

En todo este periodo, el evento más importante fue una visita en 1939 de un conocido neurólogo que, como Director de Educación del Reich... estaba bien enterado de los asuntos judíos. Me dijo, en dos tardes que estuvimos solos, lo que nos pasaría a mí y a mi familia, algo como: "Los judíos y los amigos de los judíos deben ser exterminados. Estamos exterminando a los amigos de los judíos y a toda su descendencia". Después dijo que yo no tenía salvación, pero que mi familia sí. Cuando le pregunté qué debía hacer, me respondió en forma de un par de historias en las cuales la esposa se suicidaba y así salvaba a su familia. Después preguntó: "¿Cuánto Veronal [una pastilla para dormir] tiene?". Cuando respondí: "Solo dos gramos", me hizo una prescripción por la cantidad que me faltaba. Cargué el Veronal conmigo unos días, pero luego decidí que no iba a suicidarme; en vez de eso, trataría de huir del país con mi familia.

En cuatro meses, solo tres de los colegas de mi esposo se atrevieron a visitarnos. No me permitían salir durante el día. Una noche, cuando me encontré con la esposa de un colega y me quejé de que ningún amigo o conocido se había atrevido a visitarme, ella dijo: "No es cobardía, solo estamos enfrentando los hechos".[1]

Poco después, la familia salió de Alemania.

---

[1] Marie Kahle, en *The Night of Broken Glass: Eyewitness Accounts of Kristallnacht*, ed. Uta Gerhardt y Thomas Karlauf (Cambridge, Reino Unido: Polity Press, 2012), 88-90. Reproducido con autorización de Polity Press.

LECTURA
UN COMPORTAMIENTO COMPLETAMENTE REPROCHABLE

> *Tenga en cuenta que esta lectura contiene lenguaje deshumanizador. Hemos decidido incluirlo a fin de transmitir de manera veraz el lenguaje dañino de la época; sin embargo, el lenguaje deshumanizador no se debe decir o leer en voz alta durante la clase.*

Wilhelm Kahle, el hijo mayor de Marie Kahle, estudiaba en la Universidad de Bonn. Fue citado ante el tribunal disciplinario de la universidad por ayudar a una comerciante judía a ordenar artículos en su negocio después de La Noche de los Cristales Rotos. Sus "crímenes" se explican con lujo de detalles en este "juicio disciplinario".

El estudiante de musicología, Wilhelm Kahle, será castigado, por el comportamiento indigno de un estudiante con respecto a la acción de protesta contra los negocios judíos, será expulsado de la universidad y se le negará el reconocimiento por el trabajo del semestre.

El 10 de noviembre de 1938, en Bonn, como consecuencia del asesinato de vom Rath, secretario de la embajada, se presentó una manifestación contra los judíos en donde se vio afectado el negocio de corsés de la judía E. Goldstein. Hacia el final de la tarde del 12 de noviembre de 1938, el acusado fue con su madre a este negocio, en el cual esta última había hecho compras más temprano. Cuando llegaron al negocio, cerca de las 6 o 6:30 p. m., tres judías iban saliendo. En el negocio se encontraron con la propietaria y otra persona judía llamada Herz. La propietaria estaba ocupada volviendo a poner cajas en los estantes. Después de haber estado allí cerca de tres minutos, el sargento de policía Peter Stammen ingresó al negocio y anotó los nombres de las personas judías y luego anotó el nombre de la madre del estudiante Kahle y, al hacerlo, tuvo algunas dificultades con ella. Luego se volvió hacia el estudiante Kahle, quien estaba volviendo a poner en los estantes las cajas que estaban en el mostrador, y le preguntó si era decorador de interiores. El estudiante dijo que no y luego dio su nombre.

Contrario a los cargos, el Tribunal Disciplinario no ha podido determinar si el acusado tuvo la intención de ir al negocio judío… desde el principio. La mayoría piensa que no hubo intención preconcebida tras esta visita, más bien la visita se dio solo por haber pasado por el negocio demolido. Adicionalmente, el Tribunal Disciplinario no ha derivado de los actos la impresión de que el estudiante le ayudó a la judía a poner la mercancía de nuevo en los estantes, sino que ve las acciones del estudiante simplemente como un esfuerzo, sin especial intención, de ayudar a la judía en su trabajo o de apoyarla de alguna manera.

No obstante, el comportamiento del estudiante es completamente reprochable. Al encontrar justificable el ingreso a un negocio judío después de los incidentes ocurridos, este puso seriamente en peligro la reputación y dignidad de la universidad y, por tanto, infringió sus deberes académicos. Artículos II y III del Código Disciplinario Estudiantil, 1.º de abril de 1935. Iba a ser sancionado.

El comportamiento del acusado exige un desagravio rotundo. Dado que el acusado parecía un poco inepto y torpe durante el procedimiento y obviamente estaba bajo la influencia de su madre, el Tribunal Disciplinario ha decidido, a modo de mitigación, solo expulsarlo de la universidad y negarle el reconocimiento por todo el trabajo del semestre.

Al imponerle este castigo, que es leve en comparación con la infracción, el Tribunal Disciplinario ha actuado con base en la expectativa de que el estudiante continúe su educación a una distancia mayor del hogar de sus padres, de manera que en el futuro pueda madurar y convertirse en una persona más independiente, segura de sí misma y responsable.[1]

---

[1] Uta Gerhardt y Thomas Karlauf, eds., *The Night of Broken Glass: Eyewitness Accounts of Kristallnacht* (Cambridge, Reino Unido: Polity Press, 2012), 90-91. Reproducido con autorización de Polity Press.

LECTURA
LA PERSPECTIVA DE UN VISITANTE SOBRE LA NOCHE DE LOS CRISTALES ROTOS

René Juvet, un comerciante suizo, estaba visitando a un amigo en el campo durante los eventos de La Noche de los Cristales Rotos. A la mañana siguiente, condujo a la ciudad de Bayreuth, donde un grupo de personas observaba mientras ardían las casas. En un punto, se bajó de su automóvil para observar más de cerca a la multitud reunida frente a una bodega donde estaban retenidos docenas de judíos.

> No quería sumarme a la multitud reunida, pero tenía que ver con mis propios ojos lo que estaba sucediendo allí. A través de los ventanales se podían ver unas cincuenta personas en un salón lúgubre y vacío. La mayoría de ellas recostadas contra la pared, con la mirada fija y cabizbaja, unas pocas caminaban inquietas de un lado para otro, otras estaban sentadas en el piso, a pesar del intenso frío. La mayoría de las personas, por cierto, estaban vestidas de manera inadecuada, algunas solo tenían un abrigo sobre la ropa de dormir. Por lo visto, la gente de las SA que había recogido a estas personas durante la noche, no les dio tiempo de ponerse más ropa. Esto fue solo el comienzo, en comparación con lo que pasó después.

Al final de la descripción de La Noche de los Cristales Rotos, Juvet escribe:

> En defensa de mis [colegas alemanes no judíos] puedo decir que ellos, a excepción de Neder, quien participó en la operación como SA *Führer*, desaprobaban los excesos. Unos más que otros. Waldmeyer no decía nada, pero estuvo muy pensativo los días siguientes; Hoffmann, quien podría contarse casi como uno de la vieja guardia, no intentó ocultarme el horror que sentía. También supe que los trabajadores estaban indignados...
>
> Poco después de esto, me reuní con nuestro representante de Nuremberg, una persona inofensiva y diligente. Era miembro de las SA, pero dio la casualidad de que estuvo lejos de casa esa noche...
>
> "Me alegra no haber estado en Nuremberg esa noche, con seguridad eso me hubiera hecho enojar", dijo.
>
> Le pregunté que si de haber estado allí en ese momento, hubiera participado. "Por supuesto", dijo, "órdenes son órdenes".
>
> Sus palabras me aclararon un montón de cosas.[1]

---

[1] René Juvet, "Kristallnacht" en *Travels in the Reich, 1933–1945: Foreign Authors Report from Germany*, ed. Oliver Lubrich (Chicago: University of Chicago Press, 2010), 176-78.

LECTURA
LAS RESPUESTAS DEL MUNDO ANTE LA NOCHE DE LOS CRISTALES ROTOS

Los periódicos de todo el mundo reportaron los eventos de La Noche de los Cristales Rotos. La siguiente noticia escrita por Otto D. Tolischus en el *New York Times* fue una de las tantas noticias típicas publicadas.

> Una ola de destrucción, saqueos e incendiarios [incendios] sin precedentes en Alemania desde la Guerra de los Treinta Años y, en general, en Europa desde la revolución Bolchevique, arrasó hoy la Gran Alemania cuando cohortes nacionalsocialistas se vengaron arremetiendo contra negocios, oficinas y sinagogas de judíos, por el asesinato de Ernst vom Rath, tercer secretario de la Embajada Alemana en París, cuya autoría fue atribuida a un joven polaco judío.
>
> Empezando sistemáticamente a tempranas horas de la mañana en casi todos los pueblos y ciudades del país, la demolición, el saqueo y la quema continuaron todo el día. Multitudes enormes, pero en gran parte silenciosas, observaban; mientras que la policía se confinaba para regular el tráfico y arrestar judíos de manera masiva "por su propia protección".
>
> Durante todo el día, los principales distritos comerciales, así como las calles secundarias de Berlín y un sinnúmero de lugares resonaban por el rompimiento de las ventanas que caían al piso, los golpes secos de los muebles y la quema de negocios y sinagogas. Aunque los incendios de los negocios fueron extinguidos con rapidez, los incendios de las sinagogas fueron apenas controlados para evitar que se extendieran a edificios contiguos.[1]

Personas de todas partes estaban indignadas. Como escribió el arzobispo de Canterbury, Cosmo Gordon Lang, en una carta del 12 de noviembre al editor del *London Times*: "Hay momentos en que el mero instinto humanitario hace que callar sea imposible". Miles de estadounidenses estuvieron de acuerdo; mostraron su indignación a través de enormes manifestaciones realizadas para apoyar a los judíos alemanes. El embajador alemán, al reportar estos eventos a Berlín, expresó el temor de que dichas protestas pudieran arriesgar el acuerdo sobre los Sudetes en Checoslovaquia.

Líderes en Gran Bretaña y Francia fueron muy cautelosos al responder. Cuando los miembros del Parlamento Británico le pidieron a Neville Chamberlain que condenara el pogromo, él simplemente dijo que los artículos del periódico eran "sustancialmente correctos". También expresó una "profunda y amplia simpatía" por aquellos que "sufrieron tanto" por el "crimen insensible cometido en París".[2]

Comentarios semejantes de líderes franceses llevaron al editor de un periódico llamado *La Lumière* a advertir: "En el pasado, cuando protestábamos por las masacres en Etiopía, China y España, nos dijeron: '¡Silencio! Están instigando la guerra'. Cuando protestamos contra la mutilación de Checoslovaquia, nos dijeron: '¡Quédense callados! Ustedes hacen parte de la guerra'. Hoy, cuando protestamos contra las despreciables persecuciones de los indefensos judíos y sus esposas e hijos, nos dicen: '¡Silencio! Francia tiene miedo'".[3]

La condena por parte de líderes en los Estados Unidos era amplia y generalizada. Clérigos de todas las religiones se pronunciaron contra la quema de las sinagogas; políticos de todos los partidos: republicanos, demócratas, aislacionistas e intervencionistas, denunciaron la violencia contra los judíos y sus casas de oración. El único líder mundial que asumió una posición fue el presidente Franklin D. Roosevelt. El 15 de noviembre, seis días después del pogromo, abrió una conferencia de prensa diciendo: "Las noticias de Alemania de los últimos días han conmocionado profundamente a la opinión pública en los Estados Unidos. Una noticia como esta proveniente de cualquier parte del mundo produciría una reacción intensa similar entre los estadounidenses en cualquier parte de la nación. Personalmente, apenas podía creer que estas cosas pudieran ocurrir en una civilización del siglo XX".

Pero la respuesta de Roosevelt debía tener en cuenta los sentimientos generalizados de antisemitas y aislacionistas en su administración, en el Congreso y en el país. En su conferencia de prensa, Roosevelt anunció que los Estados Unidos retirarían a su embajador de Alemania, pero no ofreció ayuda para los miles de judíos que trataban desesperadamente de salir del Tercer Reich.

---

[1] Otto D. Tolischus, "The Pogrom", *New York Times*, 19 de noviembre de 1938.

[2] "Chamberlain Deplores Nazi Pogroms; Acts to Aid British Jews in Reich", *Jewish Telegraphic Agency*, 14 de noviembre de 1938, consultado el 26 de abril de 2016, http://www.jta.org/1938/11/15/archive/chamberlain-deplores-nazi-pogroms-acts-to-aid-british-jews-in-reich.

[3] Citado en Anthony Read y David Fisher, *Kristallnacht: The Unleashing of the Holocaust* (Nueva York: Peter Bedrick Books, 1989), 155.

MATERIAL IMPRESO

LA VARIEDAD DE TÉRMINOS SOBRE EL COMPORTAMIENTO HUMANO

INDICACIONES: use las pistas del contexto de la oración de la primera columna para adivinar el significado de cada término subrayado y escriba su definición en la columna del centro. Deje la tercera columna en blanco.[1]

ORACIÓN	POSIBLE SIGNIFICADO	SIGNIFICADO REAL
El **perpetrador** fue capturado poco después de robar la tienda de convivencia y darse a la fuga corriendo por la concurrida calle.		
La **víctima** de acoso no quería ir a la escuela y prefirió volver sigilosamente a la cama y simular que estaba enferma.		
A pesar de sentir un nudo en el estómago mientras leía los detestables comentarios que hacían en las redes sociales sobre su amigo de la infancia, la **espectadora** guardó su teléfono y se dirigió al gimnasio a su práctica de voleibol.		
Después de tres días leyendo un número cada vez mayor de comentarios homofóbicos y amenazas en el blog de su amigo, el **defensor** tomó su teléfono y escribió: "No te mereces este trato".		

[1] Kelly Gallagher, *Deeper Reading: Comprehending Challenging Texts*, 4–12 (Portland, Maine: Stenhouse Publishers, 2004), 77–78.

MAPA
EL CRECIMIENTO DE LA ALEMANIA NAZI

Entre 1933 y 1939, la Gran Alemania se expandió significativamente como resultado de las anexiones y conquistas del Tercer Reich en Europa Oriental.

Facing History and Ourselves

LECTURA
LA INVASIÓN DE POLONIA

Una mujer polaca, identificada como "Sra. J.K.", describió cómo los nazis la expulsaron de su hogar:

> El 17 de octubre de 1939, a las 8 a. m., escuché que alguien golpeaba la puerta de mi apartamento. Como a mi criada le daba miedo abrir, abrí yo. Encontré allí a dos gendarmes [policías] alemanes, quienes bruscamente me dijeron que en unas pocas horas tenía que estar lista para viajar con mis hijos y todos los que estuvieran en la casa. Cuando dije que tenía niños pequeños, que mi esposo era prisionero de guerra y que no podía estar lista para viajar en tan poco tiempo, los gendarmes respondieron que no solo debía estar lista sino que debía barrer el apartamento, lavar los platos y los cubiertos y debía dejar las llaves en la alacena, de manera que los alemanes que fueran a vivir en mi casa no tuvieran problemas. Además, usando otras palabras, declararon que tenía derecho a llevarme solo una maleta que no pesara más de 50 kilogramos [110 libras] y un bolso de mano pequeño con comida para unos pocos días.
>
> Al mediodía volvieron y nos ordenaron salir frente a la casa. Grupos semejantes de personas estaban de pie frente a todas las casas. Después de unas horas de espera, llegaron los camiones militares y nos subieron, uno por uno, gritándonos groseramente y también golpeándonos. Después nos llevaron a la estación del tren, pero solo hasta la noche nos metieron en [vagones], cuyas puertas fueron atornilladas y selladas. Pasamos tres días en estos [vagones], en donde metían alrededor de cuarenta personas; allí, no teníamos la posibilidad de salir. Por el presente ratifico que en mi [vagón] había seis niños menores de diez años y dos ancianos, y que no nos dieron ninguna pajilla ni ningún utensilio para beber, que teníamos que solucionar nuestras necesidades biológicas en el apretado [vagón], y que si no hubo muertes en nuestro transporte fue solo porque aún se sentía un poco de calor y porque pasamos solo tres días en el viaje. Nos bajaron, casi muertos, en Czestochowa [en la parte del Gobierno General de Polonia], en donde la población local nos ayudó de inmediato, sin embargo, los soldados alemanes que abrieron el camión exclamaron, "¡Qué! ¿Estos cerdos polacos aún están vivos?".[1]

---

[1] Citado en *Nazism: A History in Documents and Eyewitness Accounts, 1919–1945*, vol. 2, ed. Jeremy Noakes y Geoffrey Pridham (Nueva York: Schocken Books, 1988), 937–38.

LECTURA
MISIONEROS CULTURALES

Melita Maschmann, que en ese entonces tenía un poco más de veinte años, y ocupaba una posición de liderazgo en la BDM (iniciales en alemán de la Liga de Muchachas Alemanas), fue una de las primeras en vivir y trabajar en el Warthegau.

Ella recuerda:

> Mis colegas y yo sentíamos que era un honor que nos permitieran ayudar a "conquistar" esta área para nuestra propia nación y para la cultura alemana. Todos teníamos el arrogante entusiasmo del "misionero cultural"...
>
> ¿Cómo podían los jóvenes, en particular, no disfrutar una vida como esa? Es verdad que si uno visitaba las partes del este del Warthegau, era imposible imaginarse estar en un territorio que Alemania había perdido y que tenía que ser recuperado por el Reich. Este país era polaco de punta a punta. Hitler no lo había recuperado sino que lo había conquistado en batalla. Sabíamos que podría haber triunfado justo allí. En esos días probablemente hubiéramos estado de acuerdo en que "la ley del más fuerte" había triunfado en la lucha por el *Lebensraum* [espacio vital para los "arios"]...
>
> En ese momento nuestra existencia era para nosotros como una gran aventura... Durante toda nuestra infancia, el lamento por la derrota de Alemania en la Primera Guerra Mundial y su miseria en los años de la posguerra nunca cesaron. Pienso que haber crecido en un país donde las mentes de las personas están dominadas por ese estado de ánimo tiene un efecto catastrófico. Los jóvenes no quieren sentir vergüenza de su patria. Dependen, más que los mayores, de poder honrarla, admirarla y amarla.
>
> El hecho de que nos permitieran llevar a cabo una especie de "trabajo de colonización" en "puestos avanzados" había sanado las heridas que nuestro sentido del honor había sufrido en nuestra infancia y nuestros primeros años de juventud. Alemania nos necesitaba no solo para hacer un trabajo sino para que nos entregáramos en cuerpo y alma. Este sentimiento aumentó en numerosas ocasiones hasta alcanzar una sensación de intoxicación...
>
> No hace falta decir que en esta situación nos inclinábamos a romantizar nuestra existencia en el "frente", y desarrollamos gran parte de la presuntuosa arrogancia colonial hacia los que "se quedaban en casa"...
>
> Fui la primera líder de la BDM alemana del Reich en ser enviada al Warthegau y, por mucho tiempo, fui la única. Es cierto que no cumplía con una tarea de liderazgo, simplemente había venido a Posen a dirigir el departamento de prensa para el liderazgo regional de las Juventudes Hitlerianas, pero pronto establecí contacto cercano con los líderes... locales de la BDM y fui involucrada en sus trabajos.[1]

---

[1] Melita Maschmann, *Account Rendered: A Dossier on My Former Self* (Londres: Abelard-Schuman, 1965), 73.

MATERIAL IMPRESO
NOTAS SOBRE EL CRECIMIENTO DE LA ALEMANIA NAZI, 1933–1939

1. La ideología nazi de "raza y espacio" inspiró sus planes de expansión de Alemania por toda Europa, su deseo de adquirir un nuevo "espacio para vivir" para la llamada raza aria.

2. En 1938, los nazis aprovecharon la falta de acción de los líderes mundiales y anexaron Austria y parte de Checoslovaquia (conocida como Sudetes), dos áreas con un gran número de personas que se consideraban a sí mismos descendientes de alemanes.

3. En 1939, Alemania y la Unión Soviética firmaron un pacto de no agresión (un acuerdo de no atacarse el uno al otro) y se dividieron entre ellos Polonia y los países bálticos.

4. En septiembre de 1939, Alemania invadió Polonia y rápidamente derrotó al ejército polaco. Este fue el comienzo de la Segunda Guerra Mundial.

5. Hitler emitió la orden: "Polonia debe ser despoblada y habitada por alemanes". Por lo tanto, los nazis dividieron Polonia en dos partes. Una parte (el gobierno general) estaba destinada a los polacos, a quienes los nazis consideraban de una raza inferior a la aria, y a los judíos. La otra parte (el Warthegau), adyacente a Alemania, fue destinada a los "verdaderos alemanes".

6. Los alemanes expulsaron a cientos de miles de polacos, judíos y Sinti y Roma del Warthegau hacia el gobierno general y les dieron sus casas y propiedades a alemanes "arios". Los judíos eran encerrados en los guetos.

LECTURA
DA ESTE ENORME SALTO CONMIGO

Sonia Weitz nació en Cracovia, Polonia. Tenía 11 años cuando su familia y otros judíos polacos fueron llevados en masa a los guetos por parte de los nazis. De los 84 miembros de su familia lejana, ella y su hermana Blanca fueron las únicas sobrevivientes de los años en los guetos y campos de concentración durante el Holocausto. A temprana edad, recurrió a la poesía para lidiar con sus emociones. Años después del Holocausto, Weitz escribió el poema "Al Yom Ha'Shoah". *Yom Ha'Shoah* en hebreo significa "Día del recuerdo del Holocausto".

AL YOM HA'SHOAH

Ven, da este enorme salto conmigo

al otro mundo… a ese lugar

donde el lenguaje falla y el imaginario se resiste,

niega la consciencia del hombre… y muere

en el altar de la insensatez.

Ven, da este enorme salto conmigo

al otro mundo… a ese lugar

y sigue el eclipse de la humanidad…

donde los niños son quemados mientras la humanidad se mantiene ajena

y el universo aún no sabe por qué

… aún no sabe por qué[1]

---

[1] Sonia Schreiber Weitz, *I Promised I Would Tell* (Brookline, Massachusetts: Facing History and Ourselves, Inc., 2012), 66.

MATERIAL IMPRESO
FASES DEL HOLOCAUSTO

En el video *Paso a paso: fases del holocausto*, la historiadora Doris Bergen divide la historia del Holocausto en cuatro fases:

1. Planificación y propaganda: 1933-1939
Eventos clave:

- Los judíos alemanes y otras razas y personas consideradas inferiores son aislados del resto de la población.
- Alemania reconstruye su ejército infringiendo el Tratado de Versalles.
- El gobierno alemán ataca propiedades y vidas en La Noche de los Cristales Rotos.
- El gobierno nazi prepara al público alemán para la guerra.

2. Expansión y violencia: septiembre de 1939 – junio de 1941
Eventos clave:

- Empieza la Segunda Guerra Mundial con la invasión alemana a Polonia.
- La violencia nazi se extiende a Polonia y a lo largo de Europa.
- Los nazis establecen guetos y nuevos campos de concentración para recluir a millones de judíos.
- Los *Einsatzgruppen* (escuadrones de ejecución itinerantes) asesinaron a millones de judíos y otros grupos objetivo realizando fusilamientos masivos en Europa Oriental.
- Alemania invade a la Unión Soviética.

3. Dedicación a los asesinatos masivos: 1941-1944
Eventos clave:

- Hitler y sus asesores toman la decisión de aniquilar a todos los judíos en Europa.
- Se establecen seis centros de ejecución, donde millones de judíos, sinti y rom, y otros grupos objetivo son asesinados en cámaras de gas. El centro de ejecuciones más infame es Auschwitz.

4. Marchas de la muerte: enero de 1945 – mayo de 1945
Eventos clave:

- Como Alemania va perdiendo la guerra, y los soviéticos presionan al ejército alemán hacia el oeste, los centros de ejecución y los campos de concentración son cerrados o liberados.
- Los nazis obligan a los prisioneros de los campos a marchar desde Europa Oriental hacia Alemania. Cientos de miles mueren por el camino.

MAPA
GUETOS JUDÍOS EN EUROPA ORIENTAL

Los historiadores estiman que los nazis y sus aliados establecieron cerca de 1,100 guetos judíos en Europa entre 1933 y 1945. Este mapa muestra la ubicación de los guetos más grandes.

Facing History and Ourselves

MAPA
PRINCIPALES CAMPOS DE CONCENTRACIÓN Y SITIOS DE EJECUCIÓN

Entre 1933 y 1945, los nazis establecieron más de 40,000 campos de reclusión, trabajos forzados o ejecuciones masivas de judíos, Sinti y Roma, comunistas y otras personas consideradas "enemigos del estado".

Facing History and Ourselves

IMAGEN
EL NIÑO DEL GUETO DE VARSOVIA

Esta foto muestra a Tsvi Nussbaum, de 7 años, en el gueto de Varsovia en 1943. La foto fue tomada por un fotógrafo nazi. La información sobre si este niño sobrevivió a la guerra es contradictoria en los registros.

Archivos Nacionales y Administración de Documentos, College Park

LECTURA
ESCUADRONES DE EJECUCIÓN ITINERANTES

La médica Y. Kutorgene, que no era judía, fue testigo de la invasión alemana de su país, Lituania. Escribió en su diario: "Miles de personas humilladas, sin ninguna protección, peor que animales, y todo porque tienen 'otra sangre'". El 30 de octubre de 1941, la Dra. Kutorgene escribió lo que había pasado el día anterior en la ciudad de Kaunas cuando los nazis se preparaban para asesinar (en fusilamientos) a los judíos del gueto de allá:

> El [29 de octubre] hubo un anuncio de que todos [los judíos] debían presentarse a las seis de la mañana en la plaza grande del gueto y formar filas, salvo los trabajadores con documentos, que habían sido distribuidos recientemente a los especialistas y capataces... El escuadrón fue rodeado por guardias con ametralladoras. El clima era helado. Las personas permanecieron de pie todo el día, con hambre y con las manos vacías. Los niños pequeños lloraban en los brazos de sus madres. Nadie sospechaba el amargo destino que les esperaba. Pensaban que los iban a pasar a otros apartamentos... [Había] el rumor de que en el Noveno Fuerte... los prisioneros habían estado cavando zanjas profundas y, cuando las personas fueron llevadas allí, era evidente que los iban a asesinar. Rompieron a llorar, a lamentarse y a gritar. Algunos trataron de escapar, pero los asesinaron a punta de disparos...[1]

---

[1] Y. Kutorgene, "Kaunaski Dnievnik (Kovno Diary) 1941–1942", *Druzhba Narodov* ("Amity of Nations"), VIII, 1968, 210–11, en *El Holocausto en documentos: selección de documentos sobre la destrucción de los judíos de Alemania y Austria, Polonia, y la Unión Soviética*, ed. Yitzhak Arad, Israel Gutman y Abraham Margaliot, traducido al inglés por Lea Ben Dor (Lincoln y Jerusalén: University of Nebraska Press y Yad Vashem, 1999), 405–06.

LECTURA
AUSCHWITZ

Auschwitz fue un complejo de campos donde los judíos, Sinti y Roma, prisioneros de guerra, y polacos opositores fueron recluidos y sometidos a trabajos forzados. En octubre de 1941, también se convirtió en el centro de ejecución más grande construido por los nazis.

Esta fotografía muestra a mujeres y niños judíos de Ucrania caminando hacia las cámaras de gas en Auschwitz, donde serían asesinados.

Museo Estadounidense Conmemorativo del Holocausto, cortesía de Yad Vashem

Primo Levi, judío italiano, describió sus primeros días como prisionero en Auschwitz:

> Ya nada nos pertenece; se han llevado nuestras prendas, nuestros zapatos, incluso nuestro cabello; si hablamos, no nos escucharán, y si escuchan, no nos entenderán. Incluso nos quitarán nuestro nombre... Mi número es 174517... llevaremos el tatuaje en nuestro brazo izquierdo hasta la muerte.[1]

---

[1] Primo Levi, *Supervivencia en Auschwitz* (Nueva York: Touchstone, 1996), 26.

LECTURA
PUEDE QUE NO TENGAMOS OTRA OPORTUNIDAD

Sonia Weitz era una adolescente en Polonia cuando, en 1941, ella y su familia fueron obligados a entrar al gueto de Cracovia. En 1943, Sonia, su hermana mayor Blanca, y su padre fueron enviados a Płaszów, un campo de trabajos forzados al sur de Cracovia. En su libro *I Promised I Would Tell*, escribe:

> Aunque los hombres y las mujeres vivían en partes separadas del campo, los dos grupos encontraban la forma de ponerse en contacto. Por ejemplo, en una ocasión fui enviada al gueto para prestar el servicio de limpieza. Estando allí encontré una chaqueta, una hermosa y abrigada chaqueta. La pasé a escondidas de regreso a Płaszów para dárselo a mi padre. Me reconfortaba saber que la chaqueta lo pudiera mantener abrigado ese invierno. Otro día, me escabullí hasta las barracas donde se encontraba mi padre al otro lado de la cerca de alambre de púas. Mientras estaba allí, conocí a un chico aproximadamente de mi edad, de 14 o 15 años. Estaba tocando una armónica, una infracción que se castigaba con la muerte. Mi padre y yo escuchamos la música, y mi padre me dijo: "Tú y yo nunca tuvimos la oportunidad de bailar juntos"... y entonces, bailamos. Es un recuerdo tan valioso, un regalo estrafalario y hermoso.[1]

Weitz y su hermana fueron separadas de su padre poco después de ese episodio. En diciembre de 1944, las hermanas fueron trasladadas a Auschwitz. Nunca volvieron a ver a su padre. Fueron obligadas a marchar a través de Polonia, desde Auschwitz hasta Bergen-Belsen, un campo de concentración en Alemania. Después fueron trasladadas a otros dos campos y finalmente fueron liberadas de Mauthausen, en Austria, en mayo de 1945, por tropas estadounidenses.

---

[1] Sonia Schreiber Weitz, *I Promised I Would Tell* (Brookline, Massachusetts: Facing History and Ourselves, Inc., 2012), 35.

LECTURA
DIARIO DEL GUETO DE ŁÓDŹ

A principios de 1942, una joven chica que vivía en el gueto de Łódź (una ciudad polaca) llevaba un diario de sus experiencias. Su nombre sigue siendo desconocido, pero las anotaciones en su diario evocan el miedo y el sufrimiento de la vida en el gueto.

[Sin fecha]

No hay justicia en el mundo, menos en el gueto... Las personas viven en un estado de pánico y hambre. Una lucha contra la muerte por inanición. La vida es terrible, las condiciones de vida son abominables, y no hay comida...

Miércoles, 11 de marzo de 1942

... Hoy tuve una pelea con mi padre; lo maldije y hasta lo insulté. Fue porque ayer pesé veinte decagramos de zacierki [fideos de huevo] y luego escondí una cucharada. Cuando mi padre volvió, de inmediato se dio cuenta de que faltaba un poco de zacierki. Me empezó a gritar y tenía razón. Pero como el presidente [Mordechai Chaim Rumkowski, el director del Consejo Judío de Łódź] regalaba este zacierki para cocinarlo, ¿por qué no podía tomar un poco? Me enojé mucho e insulté a mi padre. ¿Qué hice? Me arrepiento demasiado, pero no se puede devolver el tiempo. Mi padre no me va a perdonar. ¿Cómo volveré a mirarlo a los ojos? Se paró junto a la ventana y lloró como un bebé. Ni siquiera un desconocido lo había insultado antes. Toda la familia fue testigo del incidente. Me fui a la cama lo antes posible, sin cenar... Seríamos una familia feliz si yo no peleara con todos. Todas las peleas las empezaba yo. Debía estar manipulada por una fuerza maligna. Me gustaría ser diferente, pero no tengo una voluntad tan fuerte...

Sábado, 14 de marzo de 1942

... ¡Oh, libertad! ¿Tendré que estar tras esta cerca de alambre de púas por siempre? ¿Ese letrero estará en el tablero grande para siempre: [prohibida la entrada al área residencial judía]? ¿Habrá siempre un puesto con un guardia alemán con su rifle al hombro? ¿Siempre ha sido así? ¿Siempre será así? ¡Oh, no! Pero, ¿quién podrá soportarlo? Extraño la libertad. Especialmente en los días soleados y cálidos. ¡Oh, sol! Me haces anhelar la libertad. Mi corazón sangra y mis ojos están llenos de lágrimas. Alguien que lea esto en el futuro puede burlarse de mí; pensará que soy una idiota...[1]

---

[1] Alexandra Zapruder, *Salvaged Pages: Young Writers' Diaries of the Holocaust* (New Haven: Yale University Press, 2002), 230–40.

LECTURA
UN SENTIMIENTO BÁSICO DE DIGNIDAD HUMANA

Hanna Lévy-Hass era una maestra yugoslava recluida en el campo de concentración de Bergen-Belsen en Alemania. La mantenían en una parte del campo para "prisioneros de intercambio": prisioneros que los nazis pensaban que podían intercambiar por alemanes retenidos como prisioneros por otros países. Entre los prisioneros de intercambio había muchos niños.

Lévy-Hass escribió en su diario sobre la pérdida de la dignidad humana que ella y otros habían sufrido y sobre cómo luchaban para recuperarla.

> 8 de noviembre de 1944
>
> Me encantaría sentir algo placentero y estético, para despertar sentimientos más nobles y tiernos, emociones dignificantes. Es difícil. Presiono a mi imaginación y no lo consigo. Nuestra existencia tiene algo cruel, bestial. Todo lo humano se reduce a nada. Los vínculos de amistad se mantienen solo por la fuerza de la costumbre, pero la intolerancia siempre sale victoriosa. Los recuerdos de la belleza se han borrado; los deleites artísticos del pasado son inconcebibles en nuestra situación actual. El cerebro está paralizado, el espíritu ha sido transgredido.
>
> ... No hemos muerto, pero estamos muertos. Han logrado matar en nosotros no solo nuestro derecho a la vida en el presente y, para muchos de nosotros, sin duda alguna, el derecho a una vida futura...
>
> En mi mente les doy vuelta a las cosas, eso quiero... y no recuerdo absolutamente nada. Es como si no fuera yo. Todo ha sido suprimido de mi mente. Durante las primeras semanas, aún estábamos conectados internamente de alguna manera con nuestras vidas pasadas; aún nos gustaban los sueños, los recuerdos...
>
> 18 de noviembre de 1944
>
> A pesar de todo, mi trabajo con los niños continúa... Me aferro desesperadamente a cada oportunidad, por mínima que sea, de reunir a los niños para albergar en ellos y en mí aunque sea un mínimo de agudeza mental y un sentimiento básico de dignidad humana.
>
> En el campo se decidió que los sábados se dedicarían al entretenimiento de los niños, sobre todo, en aspectos de naturaleza religiosa. En nuestras barracas también aprovechábamos los sábados para darles a los niños algo de diversión, pero adaptada sobre todo a la mentalidad en general de las personas de aquí: recitaciones, canciones de solistas o en coro, pequeñas obras de teatro. Dada la ausencia total de libros, recopilé y escribí el material para estas presentaciones con base en los recuerdos de los niños y míos y, la mayoría de las veces, recurríamos a improvisar textos o versos. Una multitud

de tonadas han sido recuperadas gracias a los incansables esfuerzos y la concentración de todos mis estudiantes, pero las palabras se nos escapan como si hubieran sido succionadas por un foso. Entonces, empezamos a inventar líneas, a rimar, a crear textos que nos afectan profundamente, a invocar nuestra patria distante, gloriosa y heroica...

Realizo esta actividad espontáneamente, incluso instintivamente, diría yo, por una irresistible necesidad de mi alma, en los pocos momentos en que logro despertarla, y por una irresistible necesidad que puedo sentir en las almas de los niños. Como siguen mis pasos, ellos se emocionan, quieren vivir, quieren regocijarse, es algo más fuerte que ellos. ¡Se me rompe el corazón![1]

---

[1] Hanna Lévy-Hass y Amira Hass, *Diario de Bergen-Belsen*, traducido al inglés por Sophie Hand (Chicago, Illinois: Haymarket Books, 2009), 85–88.

MATERIAL IMPRESO
CREACIÓN DE UN POEMA ENCONTRADO

Crear un "poema encontrado" a partir del testimonio de un sobreviviente del Holocausto puede ser una forma respetuosa de prestar atención y honrar sus experiencias. Un poema encontrado es un poema creado usando solo palabras tomadas y reorganizadas de otro texto.

INDICACIONES: siga estos pasos para crear su poema:

1. Lea el testimonio seleccionado por lo menos dos o tres veces. Si es posible, léalo en voz alta por lo menos una vez.

2. Mientras lee el testimonio una vez más, copie por lo menos 15 a 20 palabras o frases de este; frases o palabras que considere memorables o impactantes.

3. Organice las palabras y frases que ha seleccionado formando un poema. Puede copiar las palabras y frases en tarjetas u hojas de papel independientes para organizarlas más fácil. Trate de organizar las palabras de manera que plasmen lo que considera la esencia del testimonio, además de su experiencia al escucharlo.

Estas son otras pautas para crear su poema:

- NO tiene que usar todas las palabras ni frases que eligió.
- PUEDE repetir palabras o frases.
- NO PUEDE agregar otras palabras además de las que copió del testimonio.
- Su poema NO TIENE que rimar.

4. Cuando esté satisfecho con su poema, póngale un título.

LECTURA
PERSPECTIVA DE UN COMANDANTE

En 1971, la periodista Gitta Sereny entrevistó a Franz Stangl, quien había sido el comandante del campo de exterminio de Sobibór y, después, del campo de Treblinka.

"¿Sería cierto decir que ustedes se acostumbraron a los asesinatos?".

Él pensó por un momento: "A decir verdad", dijo luego, lenta y cuidadosamente, "uno se acostumbraba".

"¿En días? ¿Semanas? ¿Meses?".

"En meses; pasaron meses antes de que pudiera mirar a uno de ellos a los ojos. Lo reprimía todo tratando de crear un lugar especial: jardines, nuevas barracas, nuevas cocinas, todo nuevo: barberos, sastres, zapateros, carpinteros. Había cientos de maneras para apartar la mente de eso; las usé todas".

"Aun así, si sus sentimientos eran tan fuertes, tuvo que haber momentos, quizás por la noche, en la oscuridad, en que no podía evitar pensar al respecto".

"Finalmente, la única manera de lidiar con eso era bebiendo licor; cada noche llevaba una copa grande de brandy a la cama y la bebía".

"Creo que está evadiendo mi pregunta".

"No, no es esa mi intención; por supuesto, los pensamientos venían, pero los alejaba. Me obligaba a concentrarme en el trabajo, trabajo y, nuevamente, trabajo".

"¿Sería cierto decir que finalmente sintió que ellos en verdad no eran seres humanos?".

"Cuando estaba en un viaje, años más tarde, en Brasil", dijo, su rostro se concentró y obviamente revivió la experiencia, "el tren se detuvo cerca de un matadero. El ganado en los corrales, al oír el ruido del tren, trotó hasta la reja y se quedaron mirando al tren. Estaban muy cerca de mi ventana, empujándose entre sí, mirándome a través de la reja. En ese momento pensé: 'Mira esto; esto me recuerda a Polonia; así es como miraba la gente, confiadamente, justo antes de pasar a las latas...'".

"Usted dijo latas", interrumpí. *"¿A qué se refiere?".* Pero siguió sin oírme, o responderme.

"... No pude comer carne enlatada después de eso. Esos grandes ojos… que me miraban… sin saber que en cuestión de segundos todos estarían muertos". Hizo una pausa. su rostro estaba demacrado. En ese momento se veía viejo, agotado y triste.

"Entonces, ¿no sentía que fueran seres humanos?"

"Cargamento", dijo con voz monótona. "Eran cargamento". Levantó y dejó caer su mano en un gesto de desesperación. Las voces de los dos se habían acallado. Fue una de las pocas veces en esas semanas en que no hizo ningún esfuerzo para ocultar su desesperación, y su aflicción desesperada me produjo un momento de compasión.

"¿Cuándo cree que empezó a pensar en ellos como un cargamento? La forma en que habló antes, sobre el día en que vino por primera vez a Treblinka, el horror que sintió al ver cadáveres en todas partes; no eran 'cargamento' para usted en ese momento, ¿verdad?".

"Creo que empezó el día que vi por primera vez el Totenlager [campo de exterminio] en Treblinka. Recuerdo a [Christian Wirth, el hombre que estableció los campos de exterminio] de pie junto a las zanjas llenas de cadáveres de color negro azulado. No tenía nada que ver con la humanidad, no podía ser así, era una masa, una masa de carne en descomposición. Wirth dijo: '¿Qué hacemos con esta basura?'. Creo que inconscientemente eso me hizo pensar en ellos como un cargamento".

"Había muchos niños; ¿en algún momento lo hicieron pensar en sus hijos, en cómo se sentiría usted si fuera uno de esos padres?".

"No", dijo lentamente, "no puedo decir que haya pensado así alguna vez". Hizo una pausa. "Verá", continuó, hablando con su extrema seriedad y evidentemente intentando encontrar una nueva verdad en su interior, "rara vez los vi como personas. Siempre fueron una masa gigante. A veces me paraba junto a la pared y los veía en la cámara de gas. Pero –cómo explicarlo– estaban desnudos, en manada, corriendo, conducidos a punta de latigazos, como… La oración se fue apagando.

… *"¿No podía cambiar esa situación?",* pregunté. *"En su posición, ¿no podía haber impedido la desnudez, los látigos, el horror de los corrales de ganado?".*

"No, no, no. Ese era el sistema… Así funcionaba. Y, como funcionaba, era irreversible".[1]

---

[1] Gitta Sereny, *Into that Darkness: An Examination of Conscience* (Londres: Pan Books, 1977), 200–02. Reproducido con autorización de los herederos de Gitta Sereny y The Sayle Literary Agency.

LECTURA
ESPECTADORES DEL CASTILLO DE HARTHEIM

Mientras los nazis proclamaban en voz alta las campañas para demonizar y aislar a los judíos y "gitanos" (el nombre que los alemanes les dieron a los dos grupos étnicos conocidos como Sinti y Roma) en los periódicos y revistas, en vallas publicitarias y en la radio, estos intentaban mantener en secreto el programa para asesinar a los "arios" discapacitados tanto física como mentalmente. Aun así, a finales de 1940, la mayoría de los alemanes estaban al tanto de algunos, si no de todos, los aspectos de los asesinatos.[1] Cuando el historiador Gordon J. Horwitz investigaba la historia de Mauthausen, un pequeño pueblo de Austria a 90 millas de Viena, descubrió pruebas de que los residentes de una aldea cercana sabían sobre el programa de "eutanasia" o asesinato por razones médicas que sucedía allí.

Poco después de que Austria se hiciera parte del Tercer Reich en 1938, los alemanes construyeron un campo de trabajo para prisioneros políticos en Mauthausen. A medida que el campo se extendía, los oficiales alemanes se apoderaban de edificios en algunas aldeas cercanas. Uno de esos edificios fue el castillo de Hartheim, que era una institución para niños con deficiencia mental. Al investigar la historia del castillo de Hartheim, Horwitz encontró una carta escrita por un hombre que identificó como "Karl S.", dicha carta hace referencia a eventos de 1939.

> [La] casa de mis padres era una de las pocas casas en Hartheim desde la cual se podían observar distintos sucesos. Después de que el castillo de Hartheim fue desalojado (cerca de 180 a 200 pacientes) en 1939, empezaron a realizar misteriosas remodelaciones que, sin embargo, a los ojos un forastero, difícilmente podía adivinar, puesto que no estaban usando mano de obra [local] para eso, y no era posible acercarse al castillo porque las entradas estaban cerradas herméticamente. Al terminar el trabajo de remodelación, vimos los primeros transportes que llegaron e incluso pudimos reconocer a algunos de los residentes antiguos quienes estaban alegres de regresar a su antiguo hogar.[2]

Karl S. veía llegar los buses desde la ventana del granero de su padre. Recordó que llegaban grupos de dos o tres buses hasta dos veces al día. Poco tiempo después de llegar, "salían enormes columnas de humo negro de una chimenea y se extendía un hedor penetrante. Este hedor era tan repugnante que, a veces, cuando llegábamos a casa de trabajar en los campos, no podíamos pasar un solo bocado".[3]

Una mujer llamada hermana Felicitas, que antes había trabajado con los niños que mantenían en el castillo, tenía recuerdos similares:

> Mi hermano Michael, que en ese momento estaba en casa, corrió hacia mí y en secreto me informó que estaban quemando a los antiguos pacientes del castillo. Los espantosos hechos que las personas de los alrededores tuvieron que experimentar de primera mano, y el terrible hedor de los gases de combustión, los dejaron sin habla. Las personas sufrían tremendamente por el hedor. Mi propio padre quedó inconsciente varias veces, cuando en la noche olvidaba cerrar las ventanas herméticamente.[4]

Horwitz anota: "No fue solo el humo y el hedor lo que llamó la atención de los espectadores. A veces, los restos humanos contaminaban los alrededores. En palabras de la hermana Felicitas: 'cuando había actividad intensa, salía humo día y noche. Mechones de cabello salían por la chimenea y caían a la calle. Los restos óseos se almacenaban en el lado este del castillo; inicialmente los llevaban en camiones grandes al [río] Danubio y, luego, también al Traun'".[5]

Como aumentaban las pruebas de los asesinatos masivos, Christian Wirth, jefe de operaciones, se reunió con los residentes locales. Les dijo que sus hombres estaban quemando zapatos y otras "pertenencias". Cuando los residentes preguntaron por el fuerte olor, les dijo que se debía a un dispositivo que transformaba el petróleo viejo y derivados del petróleo en un fluido oleoso transparente que era de "gran importancia" para los submarinos alemanes. Wirth terminó la reunión amenazando con enviar a campos de concentración a cualquier persona que difundiera "rumores absurdos de que se estaban quemando personas".[6] Los habitantes confiaron en su palabra. No rompieron su silencio.

El castillo de Hartheim fue una de las seis edificaciones, la mayoría de las cuales eran hospitales, que los nazis acondicionaron con cámaras de gas y hornos en 1940 y 1941 para asesinar a personas discapacitadas tanto física como mentalmente y quemar sus restos. Entre mayo de 1940 y mayo de 1941, fueron asesinados 18.269 pacientes en Hartheim.[7]

---

[1] Carol Poore, *Disability in Twentieth-Century German Culture* (Ann Arbor: University of Michigan Press, 2007), 87.

[2] Citado en Gordon J. Horwitz, *In the Shadow of Death: Living Outside the Gates of Mauthausen* (Nueva York: Free Press, 1990), 59.

[3] Citado en Horwitz, *In the Shadow of Death: Living Outside the Gates of Mauthausen*, 59.

[4] Citado en Horwitz, *In the Shadow of Death: Living Outside the Gates of Mauthausen*, 60.

[5] Citado en Horwitz, *In the Shadow of Death: Living Outside the Gates of Mauthausen*, 60–61.

[6] Citado en Horwitz, *In the Shadow of Death: Living Outside the Gates of Mauthausen*, 61-62.

[7] Robert N. Proctor, "Culling the German Volk", en *How Was It Possible? A Holocaust Reader*, ed. Peter Hayes (Lincoln: University of Nebraska Press, 2015), 267.

LECTURA
PROTESTAS EN ALEMANIA

Hacia 1942, las personas que vivían en Alemania estuvieron cada vez más al tanto de los asesinatos masivos en lugares del Este.

Algunos de los primeros alemanes en manifestarse contra las injusticias de los nazis fueron un grupo de estudiantes de la Universidad de Múnich. En el invierno de 1942, Hans Scholl, su hermana Sophie, y su amigo Christoph Probst, formaron un pequeño grupo conocido como la Rosa Blanca. Hans, antiguo miembro de las Juventudes Hitlerianas, había sido soldado en el frente Este, en donde fue testigo del maltrato a los judíos y se enteró de las deportaciones. En 1942 y 1943, la Rosa Blanca publicó cuatro folletos en los que condenaban el nazismo. El primer folleto declaraba el objetivo del grupo: el derrocamiento del gobierno nazi. En el segundo folleto, el grupo confrontaba los asesinatos masivos de los judíos:

> Aquí no queremos discutir la cuestión de los judíos, ni queremos que este folleto suponga una defensa o una apología. No, solo queremos citar, a manera de ejemplo, el hecho de que desde la conquista de Polonia trescientos judíos han sido asesinados en este país de la manera más salvaje. Aquí vemos los crímenes más espantosos contra la dignidad humana, un crimen sin precedentes en toda la historia. Porque los judíos también son seres humanos, sin importar la opinión que tengamos con respecto a la cuestión judía, y se ha perpetrado un crimen de esta dimensión contra seres humanos.[1]

En febrero de 1943, los nazis arrestaron a los hermanos Scholl y a Probst y los llevaron a juicio. Los tres fueron hallados culpables y guillotinados ese mismo día. Poco después, otros integrantes del grupo también fueron juzgados, condenados y decapitados.

En marzo de 1943, el autor alemán Friedrich Reck-Malleczewen escribió en su diario:

> Los hermanos Scholl son los primeros en Alemania que han tenido el coraje de defender la verdad... En sus tumbas dejaron talladas estas palabras haciendo que todas estas personas, que han vivido en la más profunda degradación estos últimos diez años, se sonrojen cuando las lean:... "El que sabe morir nunca podrá ser esclavizado". Todos nosotros, algún día, tendremos que hacer un peregrinaje a sus tumbas, y pararnos ante ellas, avergonzados.[2]

Aunque los nazis pudieron destruir a la Rosa Blanca ejecutando a sus miembros, no pudieron impedir que su mensaje fuera escuchado. Helmuth von Moltke, un aristócrata alemán, llevó los folletos del grupo a amigos en países neutrales. Ellos, a su vez, se los enviaron a los aliados, quienes hicieron miles de copias y luego los lanzaron sobre ciudades alemanas. Como abogado que trabajó para el Servicio de Inteligencia Alemán, von Moltke estaba al tanto de los asesinatos desde hacía un tiempo, pero no había hecho nada. A finales de octubre, se preguntaba: "¿Puedo saber esto y aun así sentarme a la mesa en mi cálido apartamento y tomar el té? ¿Eso no me hace culpable también?".[3]

---

[1] "The Second Leaflet", The White Rose Society, consultado el 24 de mayo de 2016, http://www.whiterosesociety.org/WRS_pamphets_second.html.

[2] Friedrich Reck-Malleczewen, *Diario de un desesperado*, traducido al inglés por Paul Rubens (Nueva York: Collier Books, 1970), 179–81.

[3] Helmuth James von Moltke, *Letters to Freya, 1939–1945*, ed. y traducido al inglés por Beate Ruhm von Oppen (Nueva York: Knopf, 1990), 175.

LECTURA
LA DECISIÓN DE ACTUAR

En 1942, Marion Pritchard era una estudiante de posgrado en la Ámsterdam ocupada por alemanes. No era judía, pero observaba lo que les estaba pasando a los judíos de su ciudad. Una mañana, cuando iba en su bicicleta para clase, fue testigo de una escena afuera de un orfanato para niños judíos que le cambió la vida:

> Los alemanes estaban cargando en camiones a los niños, desde bebés hasta niños de ocho años aproximadamente. Estaban alterados y lloraban. Cuando no se movían lo suficientemente rápido, los nazis los levantaban de un brazo, una pierna o el cabello, y los arrojaban en los camiones. No podía creer lo que mis ojos veían; hombres adultos tratando de esa manera a niños pequeños. Literalmente empecé a llorar de rabia. Dos mujeres que bajaban por la calle trataron de intervenir físicamente. Los alemanes también las lanzaron al camión. Permanecí allí sentada en mi bicicleta y, en ese momento, decidí que si había algo que pudiera hacer para impedir estas atrocidades, lo haría.
>
> Algunos de mis amigos tuvieron experiencias similares y, unas diez personas, entre ellas, dos estudiantes judíos que decidieron que no querían esconderse, nos unimos de manera muy informal por este mismo objetivo. Obtuvimos tarjetas de identificación arias para los estudiantes judíos, quienes, evidentemente, estaban asumiendo un riesgo mayor que nosotros. Conocían a muchas personas que tenían la intención de... "desaparecer", como lo iban a hacer Ana Frank y su familia.
>
> Ubicamos lugares donde las personas podían esconderse, les ayudamos a mudarse allí, les llevamos alimentos, ropa, cartillas de racionamiento y, a veces, apoyo moral y consuelo para las familias anfitrionas. Registramos bebés judíos recién nacidos como gentiles... y les brindamos asistencia médica cuando fue posible.

A menudo, la decisión de rescatar judíos implicaba tomar otras decisiones difíciles. Pritchard describió lo que sucedió cuando aceptó esconder a una familia judía:

> El padre, los dos niños y la bebé se mudaron, y logramos sobrevivir los dos años siguientes, hasta el final de la guerra. Algunos amigos ayudaron a levantar las tablas del piso, bajo la alfombra, y a construir un escondite en caso de redadas... Una noche nos salvamos de milagro.
>
> Cuatro alemanes, acompañados de un policía nazi holandés, vinieron y registraron la casa. No encontraron el escondite, pero sabían por experiencia que a veces valía la pena volver a la casa que ya habían registrado, porque, para ese momento, los judíos podrían haber salido de su escondite. La bebé empezó a llorar, entonces, dejamos salir a los niños. Después, el policía holandés regresó solo. Yo tenía un pequeño revólver que un amigo me había dado, pero nunca había planeado usarlo. Sentí que no tenía otra opción más que matarlo. Lo haría nuevamente, en las mismas circunstancias, pero aún me perturba... Si alguien realmente hubiera tratado de descubrir cómo y dónde había desaparecido, lo hubiera hecho, pero la actitud general era que había un traidor menos del cual preocuparse. Una persona de una funeraria local nos ayudó a disponer del cuerpo, lo puso en un ataúd con otro cadáver legítimo...

¿Estaba asustada? Por supuesto, la respuesta es "sí"... Hubo momentos en los que el miedo me vencía y no hacía algo que hubiera podido hacer. Racionalizaba la inacción, sintiendo que podría poner en peligro a otros, o que no debería correr un riesgo porque qué pasaría con los tres niños de los que ahora era responsable en caso de que algo me pasara, pero sabía en qué momentos estaba racionalizando.

Al reflexionar sobre sus decisiones y las de otros durante la guerra, Pritchard se preocupaba por la "tendencia a dividir la población durante la guerra entre unas pocas 'personas buenas' y la gran mayoría de 'personas malas'. Eso me parece una simplificación excesiva y peligrosa... El punto que quiero dejar claro es que había, efectivamente, algunas personas que se comportaban como criminales al traicionar a los vecinos judíos y, con ello, los sentenciaban a muerte. Había algunas personas que se dedicaban activamente a rescatar a la mayor cantidad de gente posible. Y, en el medio, estaba la mayoría, aquellos cuyas acciones variaban desde la mínima decencia de por lo menos quedarse callados si sabían dónde se escondían los judíos, hasta los que encontraban la manera de ayudarles cuando se los pedían".

---

[1] Carol Rittner y Sondra Myers, eds., *The Courage to Care: Rescuers of Jews During the Holocaust* (Nueva York: New York University Press, 1986), 29. Reproducido con autorización de New York University Press.

[2] Rittner y Myers, *The Courage to Care*, 29–31.

[3] Rittner y Myers, *The Courage to Care*, 32-33.

LECTURA
LE CHAMBON: UNA ALDEA QUE OPONE RESISTENCIA

Por toda Europa, un pequeño número de personas trataron de salvar judíos. Sin embargo, en Le Chambon, una aldea al sur de Francia, toda la comunidad intervino en el rescate. Le Chambon era una aldea protestante en una región predominantemente católica romana, que antes de, e incluso durante, la guerra era un centro turístico. Ahora bien, sus residentes convirtieron la pequeña aldea en la montaña en un escondite para los judíos de cualquier parte de Europa. Entre 1940 y 1944, Le Chambon y otras aldeas cercanas sirvieron de refugio a más de 5,000 personas que huían de la persecución de los nazi, de los cuales, aproximadamente, 3,500 eran judíos.[1] Magda Trocmé, la esposa del pastor local, explica cómo empezó todo.

> Quienes recibimos a los primeros judíos hicimos lo que pensamos que se debía hacer; nada más complicado. No se decidió de un día para otro lo que teníamos que hacer. Había muchas personas en la aldea que necesitaban ayuda. ¿Cómo podíamos rehusarnos? Una persona no se sienta y dice: voy a hacer esto, y esto, y lo otro. No teníamos tiempo para pensar. Cuando se presentaba un problema, teníamos que resolverlo de inmediato. A veces, las personas me preguntaban: "¿Cómo tomó la decisión?". No había una decisión que tomar. El asunto era: ¿Creen que somos hermanos, o no? ¿Creen que es injusto entregar a los judíos, o no? ¡Entonces, tratemos de ayudar![2]

Casi todos en la comunidad, de 5,000 habitantes, participaron en este esfuerzo; incluso los niños estuvieron involucrados. Cuando un oficial nazi trataba de organizar un campamento de Juventudes Hitlerianas en la aldea, los estudiantes le decían que ellos "no hacían distinción entre judíos y no judíos porque es contrario a las enseñanzas del evangelio".[3]

La mayoría de los refugiados judíos eran niños; los aldeanos les proporcionaron comida, refugio y documentos de identificación falsos. También se cercioraron de que aquellos que habían refugiado intervinieran al máximo en la vida del pueblo, en parte para evitar despertar sospechas de otros visitantes. Cuando los residentes de Le Chambon se enteraban de una redada de la policía, escondían a aquellos que estaban protegiendo en la zona rural circundante. El que mejor expresaba los valores de la aldea fue, quizás, su pastor, André Trocmé, quien concluía sus sermones con las siguientes palabras: "Amarás al Señor tu Dios con todo tu corazón, con toda tu mente y con toda tu fortaleza y amarás a tu prójimo como a ti mismo. Vayan a practicarlo".[4]

En febrero de 1943, la policía arrestó a André Trocmé y a su asistente, Edouard Theis. Aunque fueron liberados después de 28 días, la Gestapo siguió vigilando sus actividades. En el verano de 1943, la Gestapo ofreció una recompensa por la captura de André Trocmé, obligándolo a esconderse durante diez meses. Muchos sabían dónde estaba, pero nadie lo entregó.[5]

La historiadora Marianne Ruel Robins señala:

> El hecho de que toda la comunidad participara (u observara y no dijera nada), en realidad, es extraordinario. El silencio observado por las personas de la meseta fue una condición importante para que tuvieran éxito, no solo porque protegían a los judíos de amenazas externas, sino también porque minimizaban el disentimiento interno. Abstenerse de hablar significaba que uno no avergonzaría a su vecino por su falta de participación;

también significaba que distintas razones de comportamiento no entraban en conflicto entre ellas, ya fuera su compromiso con el pacifismo, el nacionalismo, la caridad cristiana o la judeofilia. El silencio no necesariamente implicaba que todos estuvieran de acuerdo con las razones para esconder a los judíos, sino que la mayoría de las personas estaban de acuerdo en que algo debía hacerse.[6]

Los rescatadores de Le Chambon también recibieron ayuda de personas de otros lugares; había una extensa red de simpatizantes en toda la región a quienes se podía acudir en busca de ayuda con respecto a la comunicación o a la organización. Las organizaciones de rescate de los judíos trajeron niños judíos al área para protegerlos. Grupos religiosos, tanto protestantes como católicos, ayudaron a financiar los esfuerzos; al igual que el Consejo Mundial de Iglesias. Además, un grupo conocido como la Cimade llevó a cientos de judíos a través de los Alpes hasta sitios seguros en Suiza.

Cuando Magda Trocmé reflexionó sobre sus decisiones años después de la guerra, dijo: "Cuando las personas lean esta historia, quiero que sepan que traté de abrir mi puerta; traté de decirles a las personas: 'Sigan, sigan'. Finalmente, me gustaría decirles a las personas: 'Recuerden que en sus vidas habrá muchas circunstancias en las que necesitarán algo de coraje, algo de determinación propia, no con respecto a otras personas sino con respecto a ustedes mismos'. No diré más".[7]

---

[1] "Le Chambon-sur-Lignon", Museo Estadounidense Conmemorativo del Holocausto, modificado la última vez en enero de 2016, consultado el 17 de mayo de 2016, https://www.ushmm.org/wlc/en/article.php?ModuleId=10007518.

[2] Carol Rittner y Sondra Myers, eds., *The Courage to Care: Rescuers of Jews During the Holocaust* (Nueva York: New York University Press, 1986), 102. Reimpreso con autorización de New York University Press.

[3] Philip Hallie, *Lest Innocent Blood Be Shed* (Londres: Michael Joseph, 1979), 102.

[4] Hallie, *Lest Innocent Blood Be Shed*, 170.

[5] "Le Chambon-sur-Lignon", Museo Estadounidense Conmemorativo del Holocausto, http://www.ushmm.org/wlc/en/article.php?ModuleId=10007518.

[6] Marianne Ruel Robins, "A Grey Site of Memory: Le Chambon-sur-Lignon and Protestant Exceptionalism on the Plateau Vivarais-Lignon", *Church History* 82, n.º 2 (2013).

[7] Rittner y Myers, *The Courage to Care*, 107.

LECTURA
DINAMARCA: UNA NACIÓN TOMA MEDIDAS

Hacia 1943, cualquiera en la Europa ocupada por alemanes que quisiera saber algo era consciente de lo que les estaba pasando a los judíos. Por muchas razones, entre otras, el miedo, el egoísmo, la pasividad, e incluso la simpatía con las políticas alemanas, pocos en las naciones ocupadas actuaron para proteger a los judíos residentes. Muchos funcionarios del gobierno en los países ocupados entregaron documentos que les permitieron a los alemanes identificar rápidamente a los judíos, y la policía local a menudo ayudó a los alemanes a encontrar y arrestar a esos judíos. La excepción fue Dinamarca.

Después de que los alemanes conquistaran Dinamarca en 1940, Hitler le había permitido al gobierno de la preguerra permanecer en el poder y mantuvo solo una fuerza militar simbólica en la nación. La política alemana consideraba a los daneses como miembros de una raza superior, similar a los alemanes. Sin embargo, los daneses se ofendieron profundamente con la ocupación de su país, y algunos se defendieron con actos de sabotaje, disturbios y paros. En el verano de 1943, los nazis decidieron tomar represalias; limitaron el poder del rey Cristian X; obligaron al gobierno danés de la preguerra a renunciar y disolvieron el ejército danés. Además, ordenaron el arresto de varios líderes cristianos y judíos.

Unas semanas después, los daneses supieron que los alemanes planeaban deportar a toda la población judía de la nación. Esa noticia la dio Georg Ferdinand Duckwitz, un diplomático alemán encargado de vigilar los envíos entre Alemania y Dinamarca. A principios de la década de los treinta, Duckwitz, atraído por la propaganda ultranacionalista de los nazis, se unió al partido. Sin embargo, cuando salieron a la luz las intenciones violentas de Hitler, se desilusionó con el partido, y cuando los alemanes se tomaron Dinamarca, se compadeció de las adversidades y dificultades del pueblo danés. A finales de septiembre, cuando Duckwitz se enteró de las órdenes secretas de alistar cuatro barcos de carga para transportar judíos daneses a Polonia, de inmediato pasó la información a los líderes de la resistencia danesa. Ellos, a su vez, le informaron al pueblo danés.

Cuando los líderes de la iglesia danesa se enteraron del plan de los alemanes, enviaron una carta abierta a los funcionarios alemanes. El domingo 3 de octubre de 1943, esa carta fue leída desde todos los púlpitos en la nación.

> Dondequiera que persigan a los judíos por su religión o raza, es deber de la Iglesia cristiana protestar contra dicha persecución porque entra en conflicto con el sentido de justicia inherente al pueblo danés y es inseparable de nuestra cultura cristiana danesa a través de los siglos. Fiel a este espíritu y conforme al texto de la Constitución, todos los ciudadanos daneses gozan de igualdad de derechos y responsabilidades ante la ley y de total libertad religiosa. Entendemos la libertad religiosa como el derecho de ejercer nuestro culto a Dios como nuestra vocación y conciencia nos lo permiten y de manera que la raza y la religión per se nunca puedan justificar que a una persona se le prive de sus derechos, libertades o propiedades. Independientemente de nuestras distintas creencias religiosas, debemos luchar por la causa de que nuestros hermanos judíos puedan conservar la misma libertad que nosotros mismos valoramos más que la vida misma.[1]

Los daneses respondieron en las siguientes semanas con un plan para evitar que deportaran a los judíos escondiéndolos hasta cuando fueran evacuados cerca de Suecia, una nación neutral. Fue un esfuerzo colectivo, organizado y pagado por cientos de ciudadanos particulares, judíos y cristianos por igual. A los pescadores, muchos de quienes no podían arriesgarse a perder ni siquiera un día de pago, se les pagó para transportar a los judíos a Suecia. El dinero también se usó para pagar sobornos; no fue accidental que todos los buques de guardia alemanes en el área fueran atracados para hacerles reparaciones la noche del rescate.

No todos los judíos pudieron salir; algunos fueron capturados mientras esperaban una embarcación, mientras que otros fueron capturados en altamar. Pero, finalmente, los nazis solo pudieron deportar 580 de los 7,000 judíos de Dinamarca al campo-gueto de Terezín, y el gobierno danés continuamente preguntaba por su situación. Ningún judío danés fue enviado a un campo de exterminio y, a excepción de unos pocos que murieron por enfermedades o por su edad avanzada en Terezín, todos ellos regresaron a Dinamarca después de la guerra.

---

[1] Citado en Leo Goldberger, ed., *The Rescue of the Danish Jews: Moral Courage Under Stress* (Nueva York: New York University Press, 1988), 6-7.

MATERIAL IMPRESO
PERPETRADORES, ESPECTADORES, DEFENSORES Y RESCATADORES

INDICACIONES:

1. Lean juntos la historia en voz alta, haciendo pausas al final de cada sección de párrafo, o dos, para anotar *decisiones*, *consecuencias*, y *preguntas*. Habrá secciones del texto que no tengan decisiones ni consecuencias, por tanto, cada párrafo no necesariamente tendrá una anotación.

- Escriba *decisión* en el margen junto a cualquier momento en el que una persona, grupo o nación tuvo que elegir y tomar una decisión significativa.
- Subraye información en el texto que le ayude a comprender qué pudo influir para que la persona, grupo o nación tomara esas decisiones.
- Escriba *consecuencia* en el margen junto a cualquier momento de la historia que discuta las consecuencias posibles o reales de la decisión que tomó la persona, grupo o nación.

2. Discuta las siguientes preguntas y registre las respuestas de su grupo en este material impreso. La información que recopile hoy le ayudará a preparar su presentación en la próxima lección.

Título de la lectura: _____

1. Según la lectura, ¿dónde tiene lugar la situación descrita?

2. ¿Cuáles son las decisiones significativas discutidas en su lectura? ¿Quién las hizo?

3. ¿Qué razones o explicaciones dieron las personas, grupos o naciones con respecto a sus decisiones?

4. ¿Cuáles fueron las consecuencias posibles (o reales) de estas decisiones para la persona, grupo o nación? En otras palabras, ¿qué sabían la(s) persona(s) que podía pasar si tomaba(n) esa decisión o qué le(s) pasó realmente como consecuencia de tomar la decisión?

5. ¿Cómo cree que la persona, grupo o nación descrito en la lectura definió su universo de obligaciones?

6. ¿Cuáles fueron los impactos de las decisiones?

7. En esta unidad, ha aprendido sobre la variedad de comportamientos humanos en tiempos de crisis y han oído historias sobre *sobrevivientes*, *opositores*, *perpetradores*, *espectadores*, *defensores*, y ahora *rescatadores*. Es importante comprender que las personas y los grupos no encajan perfectamente en una categoría, ni siquiera cuando hablamos de un evento en particular; además, durante el Holocausto, había una variedad de opciones disponibles en un momento dado, aunque esta variedad estaba más limitada en la década de los cuarenta que en las décadas anteriores, especialmente en Alemania, Austria y Polonia.

¿En qué parte de la variedad de categorías de comportamiento (consulte la lista anterior) ubicaría a la persona, grupo o nación que se describe en su lectura? ¿Por qué? (Recuerde que puede ubicarlos en más de una categoría). ¿Cuáles fueron las razones que lo hicieron elegir esa(s) categoría(s)?

MATERIAL IMPRESO
DECISIONES Y CONSECUENCIAS

Nombre de la persona, grupo o nación que toma la decisión	¿Qué decisión tomaron?	¿Cuáles fueron las posibles motivaciones para tomar esa decisión? ¿La persona que narra la historia ofreció una posible explicación o razón para tomar esa decisión?

Mis preguntas:

¿Cuáles fueron las consecuencias posibles (o reales) de esa decisión?	Etiquete la(s) acción(es): perpetrador, espectador, defensor y rescatador

MATERIAL IMPRESO
GUÍA DE ANTICIPACIÓN SOBRE LA JUSTICIA DESPUÉS DEL HOLOCAUSTO

INDICACIONES: los siguientes enunciados representan algunos de los principales problemas que los aliados enfrentaron al tratar de descifrar cómo hacer justicia después de la Segunda Guerra Mundial y el Holocausto.

Lea cada enunciado de la columna izquierda. Decida si está **totalmente de acuerdo (TA), de acuerdo (A), en desacuerdo (D),** o **totalmente en desacuerdo (TD)** con dicho enunciado. Encierre en un círculo su respuesta y justifique su punto de vista en una o dos oraciones (en una hoja aparte, si es necesario).

ENUNCIADO	SU PUNTO DE VISTA
1. Es posible hacer justicia por los crímenes cometidos durante el Holocausto.	TA A D TD Justifique:
2. Los vencedores en una guerra tienen derecho a castigar a los países derrotados de la manera que deseen.	TA A D TD Justifique:
3. Los responsables por el Holocausto deberían ser asesinados o encarcelados de inmediato; no tienen derecho a un juicio justo en un juzgado.	TA A D TD Justifique:
4. Llevar a los perpetradores ante la justicia es una manera efectiva de prevenir futuros crímenes.	TA A D TD Justifique:

ENUNCIADO	SU PUNTO DE VISTA
5. Como cada país tiene su propia legislación, los ciudadanos deberían ser llevados a juicio en tribunales de su propio país. No es justo que algunas naciones, o que la comunidad internacional, imponga sus leyes a los ciudadanos de otras naciones.	TA A D TD Justifique:
6. Los espectadores permitieron que sucediera el Holocausto. Si más personas hubieran puesto resistencia en lugar de mirar para otro lado, millones de vidas se podrían haber salvado. Los espectadores deberían ser castigados junto con los perpetradores.	TA A D TD Justifique:
7. Divulgar mentiras de odio que influyen en las personas con la intención de hacer daño a otros es un crimen de lesa humanidad.	TA A D TD Justifique:
8. La única persona responsable del Holocausto fue Adolf Hitler. Los líderes nazis estaban obedeciendo las leyes de su país y las órdenes de su líder electo; por ende, no deberían ser castigados.	TA A D TD Justifique:

MATERIAL IMPRESO

UNA DESCRIPCIÓN GENERAL DE LOS JUICIOS DE NÚREMBERG

INDICACIONES: a continuación encuentra ocho descripciones de eventos clave en los juicios de Núremberg. Lea cada descripción y luego seleccione uno o más enunciados de la guía de anticipación sobre la justicia después del Holocausto relacionada con el evento. Escriba el número del enunciado (1-8) de la guía de anticipación en la línea después del evento al cual corresponda. Luego, en el espacio proporcionado en este material impreso, explique la relación que encuentra entre los dos.

1. El Presidente del Consejo de Ministros de la Unión Soviética, Joseph Stalin, sugirió ejecutar 50.000 miembros del ejército alemán. Winston Churchill, el líder británico, pensó que se debía ahorcar a los líderes nazis de alto rango. Pero otros dirigentes pensaron que debían ir a juicio.

Enunciado n.º: _____

2. Los países aliados acordaron llevar a juicio a los líderes nazis por dos razones: 1) para castigar a los responsables, y 2) para prevenir futuros crímenes de lesa humanidad. Los organizadores de los juicios querían que los futuros líderes supieran que, si actuaron como Hitler y otros líderes nazis, serían castigados por sus acciones; simplemente no podrían quedar impunes después de asesinar a sus propios ciudadanos.

Enunciado n.º: _____

3. A partir de noviembre de 1945, se llevó a cabo un juicio internacional (un proceso judicial que involucró a varios países) en la ciudad de Núremberg, en Alemania, razón por la cual los juicios se llamaron "los juicios de Núremberg". Los juicios incluyeron jueces y abogados de cada uno de los países vencedores (Gran Bretaña, Francia, los Estados Unidos y la Unión Soviética). Los acusados nazis también tenían abogados que los defendieran. Algunos argumentaron que era injusto que las potencias aliadas llevaran a los nazis a juicio porque no habían quebrantado ninguna ley. (En ese entonces no había leyes internacionales que prohibieran que un gobierno asesinara a sus propios ciudadanos).

Enunciado n.º: _____

4. Veinticuatro hombres fueron imputados (acusados de un crimen) durante la primera ronda de juicios en Núremberg, entre ellos líderes militares, líderes del Partido Nazi y funcionarios que trabajaban en los campos de concentración. Hitler y muchos otros dirigentes nazis no fueron imputados porque se suicidaron o escaparon al final de la guerra. Algunos funcionarios de rangos inferiores, soldados y burócratas que participaron en el Holocausto fueron imputados en juicios posteriores. Los espectadores no fueron juzgados en Núremberg ni en juicios futuros.

Enunciado n.º: _____

5. A los acusados en la primera ronda de juicios se les imputaron cuatro tipos de crímenes. Uno de ellos fue "crímenes de lesa humanidad". Julius Streicher, ministro de propaganda del Partido Nazi, fue uno de ellos. Él fue el encargado de divulgar mentiras de odio acerca de los judíos en el periódico y de otras formas, como libros infantiles.

Enunciado n.º: _____

6. Muchos nazis acusados de "crímenes de lesa humanidad" argumentaron que solo estaban siguiendo órdenes y que no habían quebrantado ninguna ley con sus acciones.

Enunciado n.º: _____

7. Diecinueve de los acusados fueron hallados culpables en el primer juicio de Núremberg. De ellos, doce fueron sentenciados a la pena de muerte por ahorcamiento, tres a cadena perpetua, y cuatro a penas de 10 a 20 años en prisión. En los tres años siguientes, se llevaron a cabo muchos más juicios a alemanes en Núremberg. Hacia 1949, más de 200 funcionarios alemanes, incluidos los líderes nazis sobrevivientes de más alto rango, miembros de los escuadrones de ejecución itinerantes *Einsatzgruppen* y docenas de médicos y empresarios industriales, fueron llevados a juicio por su papel en la guerra y en los asesinatos masivos de civiles. La gran mayoría fueron condenados y sentenciados a muerte o recibieron penas de prisión de distintas duraciones.

Enunciado n.º: _____

8. Después de la guerra, las potencias aliadas también se preguntaron qué debería hacer Alemania para "restituir" a los sobrevivientes del Holocausto y a las familias de las víctimas. Después de todo, los nazis habían tomado todo su dinero y propiedades, y habían causado un sufrimiento incalculable. Se estableció un programa para proporcionar dinero (reparaciones) a aquellos que pudieron demostrar que fueron víctimas de los nazis, y Alemania debió devolver las propiedades robadas a sus legítimos dueños (si aún estaban vivos).

Enunciado n.º: _____

9. Después de terminar de discutir cada sección y establecer las relaciones en la guía de anticipación, trabajen en grupo para completar una actividad 3-2-1 (descrita a continuación), que compartirán en una discusión en clase.

>A. Escriban tres cosas que aprendieron luego de leer esta descripción general sobre los juicios de Núremberg y las complejidades de buscar justicia después de la Segunda Guerra Mundial y el Holocausto.

>B. Escriban dos preguntas que su grupo tenga luego de leer esta descripción general sobre los juicios de Núremberg y las complejidades de buscar justicia después de la Segunda Guerra Mundial y el Holocausto.

>C. Escriban una idea sobre esta descripción general que les haya parecido particularmente interesante o confusa (esto lo pueden hacer individualmente).

MATERIAL IMPRESO

INTRODUCCIÓN A LAS INSTITUCIONES DE DERECHOS HUMANOS DESPUÉS DE LA SEGUNDA GUERRA MUNDIAL

INDICACIONES: mientras lee, haga comentarios sobre el texto realizando los siguientes pasos:

1. Encierre en un círculo las palabras desconocidas.
2. Escriba un signo de interrogación (?) en el margen en las partes sobre las que tenga dudas.
3. Responda las preguntas que aparecen después del texto.

Las Naciones Unidas:

En plena Segunda Guerra Mundial, incluso mientras luchaban para derrotar a Alemania y Japón, los líderes de las naciones aliadas también empezaron a concebir una nueva institución internacional que reemplazara la fallida Liga de las Naciones y garantizara la paz y la cooperación global una vez terminara la guerra. Inmediatamente después de la guerra, la fundaron. El 26 de junio de 1945, los líderes de 50 naciones firmaron la Carta de las Naciones Unidas. Hoy, la ONU está conformada por 192 países cuyo objetivo es ayudar a resolver problemas relacionados con los derechos humanos, los conflictos militares y el desarrollo económico. Las Naciones Unidas adopta tratados, resoluciones y convenciones y, al hacerlo, establece leyes internacionales.

La Declaración Universal de los Derechos Humanos:

La devastación de la Segunda Guerra Mundial motivó la creación de un sistema de principios que pudiera garantizar la protección de los derechos humanos fundamentales y la dignidad. Eleanor Roosevelt, la viuda del presidente Franklin Delano Roosevelt, fue una de las primeras delegadas estadounidenses ante las Naciones Unidas. Trabajó con un grupo pequeño de representantes de países de todo el mundo para definir los derechos humanos más fundamentales (incluido el derecho a un juicio justo y público, el derecho a profesar una religión y el derecho a la educación) y consolidarlos en un documento oficial.

Las Naciones Unidas aprobaron la declaración en 1948, pero el trabajo solo estaba parcialmente hecho. La Declaración Universal de los Derechos Humanos (DUDH) en sí misma no era vinculante: ninguna parte del documento se podría hacer cumplir legalmente. Roosevelt tenía la esperanza de que la DUDH se convertiría en un tratado, y que todas las naciones que ratificaran el tratado "estarían así obligadas a cambiar sus leyes siempre que no se ajustaran a los puntos contenidos en el pacto". La comisión pensó que se podría desarrollar un tratado en los siguientes años, pero su esperanza resultó ser demasiado optimista. El trabajo para garantizar los derechos humanos en todo el mundo sigue siendo una lucha continua.

La Convención para la Prevención y la Sanción del Delito de Genocidio:

El 9 de diciembre de 1948, las Naciones Unidas adoptaron la Convención para la Prevención y la Sanción del Crimen de Genocidio, a menudo, denominada la Convención contra el Genocidio, la cual clasificó el genocidio como un crimen según la legislación internacional. Hacia la década de los cincuenta, un número suficiente de países había ratificado la convención, y esta entró en vigor (aunque los Estados Unidos la ratificó apenas en 1986).

La Corte Penal Internacional:

El cumplimiento de las leyes internacionales como la Convención contra el Genocidio seguía siendo un problema porque no había un tribunal internacional permanente que tuviera facultades para presentar cargos contra los infractores. Después de la violencia masiva, la "limpieza étnica" y el genocidio en Yugoslavia y Ruanda durante la década de los noventa, el Consejo de Seguridad de las Naciones Unidas creó dos tribunales provisionales para llevar a juicio a los perpetradores.

La naturaleza provisional de los tribunales internacionales, junto con la violencia continua alrededor del mundo, plantearon el interrogante: ¿sería posible crear una corte penal internacional más permanente? En 1998, se estableció una Corte Penal Internacional (CPI) permanente, con jurisdicción sobre los crímenes internacionales más importantes, incluido el genocidio. Desde su establecimiento, la CPI ha abierto investigaciones de crímenes en diez países, incluidos Uganda, Sudán (por la situación en Darfur), la República Democrática del Congo, Libia y la República Centroafricana, y ha condenado a dos jefes militares congoleses por crímenes de guerra y de lesa humanidad.

Muchas naciones poderosas, incluidas los Estados Unidos, China, India y Rusia, no participaron en la CPI. Muchos países temieron que al firmar el tratado se debilitaría su soberanía y se volverían vulnerables a la interferencia exterior en sus asuntos. También estaban reticentes a exponer a sus ciudadanos, especialmente a los militares, a ser procesados por la CPI.

IMAGEN
REFUGIADOS ROHINYÁ LLEGAN EN EMBARCACIONES, 2017

Refugiados llegan al territorio de Bangladés cruzando el río Naf el 1 de octubre de 2017, después de huir de su aldea en Birmania.

Kevin Frayer / Getty Images

MATERIAL IMPRESO
TABLA DE PRUEBAS

AFIRMACIÓN INICIAL	
¿Cuál fue su afirmación inicial sobre las decisiones de las personas, los grupos y las naciones que condujeron al Holocausto?	

PRUEBAS	
¿Qué pruebas obtenidas de las fuentes investigadas sustentan su afirmación inicial? Asegúrese de citar sus fuentes.	

VERIFICACIÓN	
¿Qué ideas de las fuentes contradicen sus afirmaciones? ¿Ha olvidado algo? Asegúrese de citar sus fuentes.	

MATERIAL IMPRESO
EJEMPLO DE HOJA DE TRABAJO DE CONTRAARGUMENTOS

BANCO DE PALABRAS

Expresiones útiles al momento de formular y refutar contraargumentos

No obstante	Se podría creer que	Sin embargo	Aun así	A pesar de
Por un lado	Por otro lado	En tanto que	Es verdad que	Y sin embargo
A diferencia de	Hasta cierto punto	Si bien	No cabe duda que	Ahora bien
Parecería que	Este argumento no tiene en cuenta que			

1. Argumento
La presente tesis es verdadera porque…

2. Contraargumento
Algunas personas sostienen que…

3. Refutación
Sin embargo…

4. Respuesta
Por otro lado…

MATERIAL IMPRESO

ESQUEMATIZACIÓN DE SU ENSAYO: ORGANIZADOR GRÁFICO DEL PÁRRAFO DEL CUERPO

ESQUEMA DEL PÁRRAFO DEL CUERPO N.º: _____

TESIS (el objetivo de mi trabajo es demostrar que...)

ARGUMENTO (la presente tesis es verdadera porque...)

Pruebas que soportan su argumento (con cita textual):	**Análisis:** estas pruebas respaldan mi argumento porque...
1.	
2.	
3.	

(opcional)

CONTRAARGUMENTO (Algunas personas sostienen que...)

Pruebas que soportan su argumento (con cita textual):	**Análisis:** estas pruebas respaldan mi argumento porque...
1. 2. 3.	

IMAGEN
INFOGRAFÍA DE LA DUDH

LA DECLARACIÓN UNIVERSAL DE LOS
DERECHOS HUMANOS

Adoptada por la Asamblea General de las Naciones Unidas en 1948, la Declaración Universal establece los derechos y las libertades fundamentales a los cuales tienen derecho los seres humanos.

Toda persona tiene la obligación de respetar los derechos de los demás.

Todos los seres humanos nacemos libres e iguales.
Toda persona tiene derecho a los derechos de esta Declaración sin distinción alguna de raza, religión, sexo, idioma o nacionalidad.
Toda persona tiene derecho a la vida, a la libertad y a la seguridad.

Nadie puede arrebatarle ninguno de sus derechos.

Nadie tiene derecho a someterlo a esclavitud.	Toda persona tiene derecho a buscar asilo en otro país en caso de ser perseguida en el suyo.	Toda persona adulta tiene derecho a un trabajo, a un salario justo, a pertenecer a un sindicato.
Nadie tiene derecho a someterlo a torturas.	Toda persona tiene derecho a una nacionalidad.	Toda persona tiene derecho al tiempo libre y a descansar del trabajo.
Todo persona tiene derecho, en todas partes, a ser reconocida legalmente.	Todos los adultos, con pleno consentimiento, tienen derecho al matrimonio y a formar una familia.	Toda persona, así como su familia, tiene derecho a un nivel de vida adecuado.
Todos somos iguales ante la ley y tenemos derecho a la protección legal igualitaria.	Toda persona tiene derecho a poseer propiedades.	Toda persona tiene derecho a la educación.
Toda persona tiene derecho a buscar protección legal si se violan sus derechos.	Toda persona tiene derecho a pertenecer a una religión.	Toda persona tiene derecho a participar libremente en los avances culturales y científicos de su comunidad, y a la protección de su propiedad intelectual como artista o científico.
Nadie tiene derecho a encarcelar ni desterrar arbitrariamente a otra persona.	Toda persona tiene derecho a pensar y expresar sus opiniones libremente.	
Toda persona tiene derecho a un juicio justo y público.	Toda persona tiene derecho a reunirse en grupo pacíficamente.	Toda persona tiene derecho a un orden social en el cual podamos disfrutar de estos derechos.
Toda persona es inocente hasta que se demuestre lo contrario.	Toda persona tiene el derecho a participar en el gobierno de su país, ya sea directamente o ayudando a elegir representantes en elecciones libres y legítimas.	Los derechos y las libertades de toda persona deben estar protegidos a menos que se irrespeten los derechos y las libertades de otros.
Toda persona tiene derecho a la privacidad. Nadie puede interferir con su reputación, su familia, su domicilio o su correspondencia.	Toda persona tiene el derecho a la seguridad social y a obtener ayuda económica, social y cultural de su gobierno.	Ningún Estado, grupo o persona puede utilizar esta Declaración para denegar los derechos o las libertades de otros.
Toda persona tiene derecho a viajar.		

Esta es una versión abreviada de la DUDH. En www.un.org encuentra el texto completo.

La Declaración Universal de los Derechos Humanos fue adoptada por la Asamblea General de las Naciones Unidas en 1948. Esta establece los derechos fundamentales y las libertades a las cuales las personas tienen derecho.

COMPARTIENDO NUESTRO APRENDIZAJE: CONEXIONES MEDIANTE ESCRITURA

CONEXIÓN MEDIANTE ESCRITURA 1
(DÍA 5)

> ¿Cómo pueden las "historias de personas" influir en el universo de obligaciones de una sociedad?

INDICACIONES: escriba una afirmación basada en pruebas sobre las maneras en que las "historias de personas" influyen en el universo de obligaciones de una sociedad.

_____
_____
_____
_____
_____
_____
_____
_____
_____
_____
_____
_____
_____
_____
_____
_____
_____
_____

CONEXIÓN MEDIANTE ESCRITURA 2
(DÍA 8)

> ¿Cuáles aspectos del Gobierno y la sociedad alemana durante los años de la República de Weimar fortalecieron la democracia y cuáles la debilitaron?

INDICACIONES: complete el organizador gráfico de la página 51 ("El Caldero en ebullición") para representar los impedimentos y las oportunidades de democracia durante el período de la República de Weimar.

CONEXIÓN MEDIANTE ESCRITURA 3
(DÍA 10)

¿Qué papel desempeñaron los individuos y grupos en la destrucción de la democracia en Alemania?

INDICACIONES: cree un gráfico circular que represente la distribución de responsabilidades de los siguientes grupos para que se diera esa transformación; Adolf Hitler, el presidente Hindenburg, miembros del Reichstag, ciudadanos alemanes, y otros actores históricos que usted considere significativos.

CONEXIÓN MEDIANTE ESCRITURA 4
(DÍA 13)

> ¿Cómo intentaron los nazis crear una "comunidad nacional armoniosa y racialmente pura"? ¿Cuál fue el papel de la legislación, la propaganda, los medios, las artes y la educación?

INDICACIONES: elabore una lista con comentarios de tres pruebas que muestren cómo los nazis intentaron crear una "comunidad nacional armoniosa y racialmente pura".

CONEXIÓN MEDIANTE ESCRITURA 5
(DÍA 15)

> ¿Qué papel pueden desempeñar las personas, los grupos y las naciones que no hayan sido objetivo de la violencia y el terror para perpetuar o evitar la injusticia?

INDICACIONES: responda esta pregunta en un párrafo argumentativo que use pruebas del Día 1 y Día 2 de la lección sobre La Noche de los Cristales Rotos.

_____
_____
_____
_____
_____
_____
_____
_____
_____
_____
_____
_____
_____
_____
_____
_____
_____
_____

CONEXIÓN MEDIANTE ESCRITURA 6
(DÍA 20)

> ¿Qué decisiones tomaron las personas, los grupos y las naciones ante los eventos del Holocausto? ¿Qué factores influyeron en sus decisiones para actuar como perpetradores, espectadores, defensores o rescatadores?

INDICACIONES: realice una presentación oral sobre las decisiones que tomaron las personas, los grupos y las naciones ante los eventos del Holocausto.

CONEXIÓN MEDIANTE ESCRITURA FINAL Y ADOPCIÓN DE MEDIDAS INFORMADAS

Pregunta esencial: ¿de qué manera las decisiones de las personas, los grupos y las naciones condujeron al Holocausto?

IDEA DE PARTIDA PARA LA ESCRITURA

En un ensayo, los estudiantes construirán un argumento que aborde la pregunta esencial utilizando afirmaciones específicas y pruebas pertinentes de fuentes históricas y contemporáneas a la vez que reconocen los puntos de vista opuestos.

MEDIDA INFORMADA

En un proyecto práctico, los estudiantes aplicarán en sus propias comunidades las lecciones aprendidas de su estudio del Holocausto. La medida informada está compuesta por tres partes:

COMPRENDER: en grupos de tres a cinco estudiantes, investiguen los derechos y deberes universales en la Declaración Universal de los Derechos Humanos (DUDH) que surgieron, en parte, como un esfuerzo para evitar otra calamidad mundial de la escala del Holocausto.

EVALUAR: en los mismos grupos, consideren cómo la DUDH se aplica a su comunidad (por ejemplo, su escuela, su vecindario o alguna otra comunidad a la que pertenezcan). Seleccionen un derecho de la DUDH que consideren particularmente significativo y/o que su comunidad no haya alcanzado completamente. Usen el marco "los hilos del poder" para hacer lo siguiente:

• Identifiquen a un individuo o grupo de personas que tenga poder para tratar los derechos humanos que identifiquen (por ejemplo, sus compañeros, los medios, funcionarios elegidos, organizaciones sin fines de lucro).

• Determinen qué mensaje consideran el que más necesitan oír relacionado con la DUDH/el tema identificado.

• Decidan por cuál medio comunicarán efectivamente su mensaje a la audiencia objetivo.

ACTUAR: divulguen el derecho seleccionado por su grupo a través del medio que deseen (exposición corta, mural, documental en video, podcast, revistilla, poema recitado o publicación en un blog). Cerciórense de ilustrar o explicar por qué ese derecho tiene una repercusión especial en su comunidad. Adicionalmente, el medio y el mensaje deben adaptarse para atraer a una persona o grupo con poder en el tema elegido.